课堂点睛：
教师流行语透视

Ketang dianjing:
Jiaoshi liuxingyu toushi

严育洪◎编著

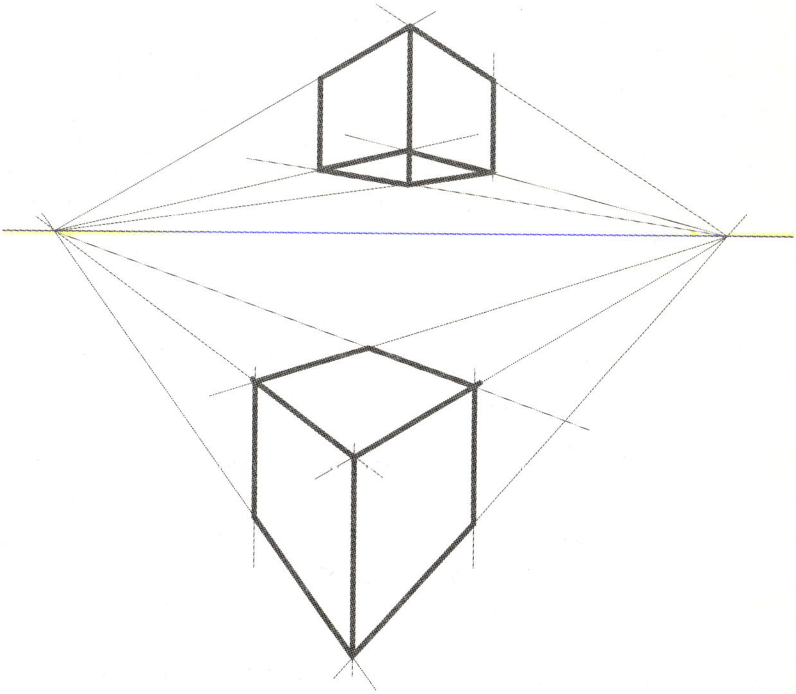

首都师范大学出版社
CAPITAL NORMAL UNIVERSITY PRESS

图书在版编目（CIP）数据

课堂点睛：教师流行语透视／严育洪编著．—北京：首都师范大学出版社，2007.1

ISBN 978-7-81119-022-9

Ⅰ．课…　Ⅱ．严…　Ⅲ．课堂教学－教学研究－中小学　Ⅳ．G632.421

中国版本图书馆 CIP 数据核字（2007）第 001357 号

课堂点睛：教师流行语透视

严育洪　编著

责任编辑　衣方杰

封面设计　奇胜视觉

出　　版　首都师范大学出版社

地　　址　北京西三环北路 105 号（100048）

电　　话　总 编 室：010-68418523

系统发行：010-58802818

新华书店：010-68418521

网　　址　www.cnupn.com.cn

邮　　箱　zunshiyuan@hotmail.com

印　　刷　北京中科印刷有限公司

版　　次　2012 年 9 月第 3 版

印　　次　2012 年 9 月第 1 次印刷

开　　本　787mm×1092mm　1/16

印　　张　15.75

字　　数　246 千字

定　　价　32.80 元

前　言

新课程实施已经有些年头了，出现了一些新理念、新做法，使教学呈现了一定的新面貌，伴之出现了一些新名词、新说法，其中的一些新做法、新说法逐步积聚，形成了新课程教学流行方式和流行用语。新课程教学流行用语包括新课程教学理论流行用语和新课程教学教师流行用语。本书研究的着眼点是后者，因为言为心声，新课程教学教师流行用语无疑是一线教师对新课程教学理念（包括新课程教学理论流行用语）的解读和感悟的具体化。

新课程教学教师流行用语存在着诸多不稳定性，它需要时间的考验和实效的检测，行进一段时间以后，就可能会产生一些深层次的问题——“这种新课程教学教师用语存在着一定的不良‘副作用’”，于是进行推敲——“有没有更好的新课程教学教师用语”，在不断比较中不断改进，在不断改进中不断进步，从而保障新课程改革健康与顺利地实施。

对新课程教学教师流行用语的观察与比较，我认为，是较好地研究新课程教学发展历程和“足迹”的一个合理入口和一种特别视角。

统观全书，本书主要采用“结对”的编写格式，以期形成“比对”的编写效应，具体体现在以下几个方面：

1.“流行用语”与“比较用语”的对照

在课改初期，新课程教学教师流行用语在突显教师的教学想法与做法上起着一定的推进作用，让人听到新课程教学不同于以前的声音，让人看到新课程教学不同于以前的面貌，让人直接地、明显地感受到新课程教学的扑面春风。

但是，随着课改的深入，我们就会发现有些新课程教学教师流行用语可能在某一方面或在某一侧面暴露出极端化、片面化、空泛化、模糊化、浅表化、形式化等一些不良现象。对此，本书提出了经过改进后的“比较用语”，让读者参照揣摩，主动引发教师思考“针对以上弊病，怎样的新课程教学教师用语更好”这一问题。

2."甲方观点"与"乙方观点"的对话

本书的编写,由新课程教学教师用语的比较引出相对的教学观点的"对白",通过相对应的、有层次的几种操作方法的比较进行解释,使读者由前面具体案例的呈现,结合现在精简纲要的对话,从而对双方教学观点的思想和实践能有深刻的理解和明智的选择。

3."圈内观察"与"圈外观察"的对流

本书的编写,不仅展现了圈内人说新课程教学的"自语",而且浓缩了圈外人说新课程教学的"喻言",以旁观者的立场,用富有情理和富有哲理的题外话或行外话来激发读者阅读兴趣,扩大读者阅读视野,帮助读者阅读理解和加深读者阅读印象。

4."长篇大论"与"精言妙语"的对应

本书的编写,既有"大餐"有叙有议、有理有据、有分有合的长篇大论,以便读者能由表及里地洞察问题的实质,给人全面的认识;又有"精点"画龙点睛、锦上添花、精益求精的片言只语,以便读者能诗情画意地理解问题的精髓,给人以无限的遐想。

5."一般动作"与"创新动作"的对接

本书的编写,大量提供了广阔情境下教师经常使用的正确动作,和可能出现的失误动作,以及经过深思的改进动作,便于让读者对所示问题的研究具有一次通识,乃至形成一个共识。此外,还附加列举了特定场合中呈现的符合新课程理念的创新动作,便于让读者领悟到新课程理念的实践过程不仅是一个改进过程,还应是一个创新过程。

总言而之,本书设想基于新课程教学教师流行用语这"一斑",而窥知新课程教学的"全豹"。但在编写过程中可能不尽人意,恳请读者对本书不尽如人意之处提出宝贵意见,发至我的电子邮箱:yyh@e172.com,共同探讨,在此表示衷心感谢!

严育洪

2006年5月于江苏无锡

目录

新课程教师流行用语一

流行用语

►"看了情境(图),你发现了什么?"

【典型案例1】

"我发现……"

"老师,今天我写什么呀?"

"没什么好写的了。"孩子们开始嘟着嘴向我诉苦。是呀,经过前段时间的习作训练,孩子们好像已经把自己的储备用光了,出现了素材的"空白"。

怎么办?我决定,从培养学生观察能力入手。为了便于指导,我就引导学生从观察他们最熟悉的教室开始。首先,我经常把教室的布置作一些小小的变动,如:把花盆的位置变换一下,在墙上贴一幅画,在门后放一个球……然后,神秘地告诉学生:"我们的教室从现在开始会有一些小小的变化,睁大你们的眼睛,看谁有最新的发现。"话音刚落,孩子的眼睛一下子亮了起来,个个成了"小小侦查兵",开始搜寻教室的每一个角落,并随时向我报告新的发现。

"老师,我发现墙上多了一张世界地图。"

"老师,我发现粉笔盒穿上了粉红色的新衣裳。"

"老师,我发现赵凡给老师带来了捶捶乐。"

渐渐地,孩子们在观察中不断有新的发现,这些新的发现更激发了他们浓厚的观察兴趣。春天到了,为了拓宽孩子们的视野,我又引导他们观察神奇的大自然："春天来了，你会发现大自然有什么变化？"课后，小家伙们有的撅着屁股，趴在草丛边；有的踮起脚尖，凝视着树枝的嫩芽；有的扒拉着枯枝败叶……"我发现了！""我发现了！"孩子们的惊奇发现一个又一个。

我又在教室里建了一个植物角，教学生催生豆芽、种大蒜、种油菜，让他们去发现植物的生长变化并随时作下记录。植物不断地生长、变化，让孩子们感到新鲜、有趣，自己的劳动成果，谁不想多看几眼呢？在观察的基础上，孩子们纷纷动笔，把自己点点滴滴的"发现"写成了一篇篇充满童趣的观察日记。

现在，孩子们已经由最初的观察植物，发展到对生活方方面面的观察：家里养小动物了，他们会观察小动物的生活习性，记录下和小动物在一起的快乐、烦恼；发现同学闹矛盾了，他们会跟踪观察，了解事态的发展变化；生病了，他们像小医生一样，把自己每天的身体变化一一记录下来……他们总是对生活保持着一份新鲜与好奇。于是，便有了这些充满生活气息的语句：

"放学路上，我发现爸爸的摩托车声有点不对劲，嘟嘟！嘟嘟！好像感冒了！"

"今天，妈妈生气了，不再温柔地叫我'小宝'了，而是恶狠狠地叫我大名'李力'！……"

"晚上散步时，我发现有一盏路灯不亮了，它可能跟我爷爷一样，天一黑，就爱打瞌睡吧。"

就这样，孩子们在一次次的"发现"当中，感受着生活的绚丽多彩！

【方法点化】

发现，能让学生更好地生活，更能让学生更好地学习。

【典型案例 2】

数学"平面图形的认识"

有一位教师在上"平面图形的认识"时，为了激发低年级学生的学习兴趣，教师用课件出示了一幅学生熟悉的情景图：

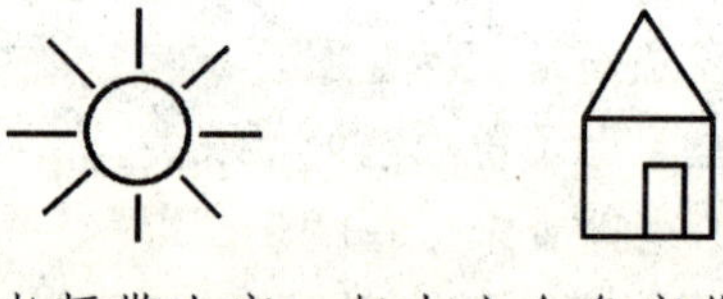

师：小朋友们，今天老师带大家一起去小白兔家作客。小白兔家漂亮吗？（生齐答：漂亮。）

师：观察小白兔家的房子，你发现了什么？

生1：小白兔家门前没有路，该铺条石子路。（师：你想得真周到。）

生2：房子没有窗户。（师：你观察得真仔细。）

生3：门上没有装锁。小白兔要是外出了，不安全。

师：小朋友们要从数学的角度观察，你还能发现什么？

生1：小白兔家有一间房子。

生2：房子里有一扇门。

生3：房子外面还有一个红太阳。

师：你们再看看，小白兔家的房子上能找到哪些图形？

这时教师有点急了，心想不如自己直接点明了吧。可是，这时已用去了将近十分钟了！自然，这堂课完不成任务了。

【问题点击】

过美的情境让学生留恋于生活

不可否认，在案例中，教师运用儿童喜闻乐见的童话故事来导入，让学生在具体的情景中理解和认识数学知识，设计可谓匠心独运。但在教学过程中，学生的思维没有指向中心问题，总在外围"兜圈子"，最终导致了教学的无奈。

【典型案例3】

数学"有余数的除法"①

这堂课学生通过小组分10支铅笔的活动，完成了一张表格：

每人分几支	分给几人	还剩几支
2	5	—
3	3	1
4	2	2
5	2	—
6	1	4

老师问："仔细观察，你发现了什么？"问题够大，学生发现：$2\times5=10$，$3\times3+$

① 江苏无锡市港下中心小学 薛丽敏

1=10……又发现了:每人分得的支数越多,分给小朋友的人数越少……却没人发现:分得的情况有两种,有时有剩余,有时正好分完,这正是今天知识的生长点。没办法,老师只能自己告诉学生。于是,原来的开放就显得无的放矢,顾此失彼了。笔者认为,如果这样问:仔细观察每次分铅笔后的结果,发现有什么不同,你想说些什么?学生在较明确的问题引导下,思维就不会走得太远。

【问题点击】

过大的问题让学生漂浮于表层

问题是一堂课的心脏,设计开放性的问题时,过细了,等于牵着学生鼻子走,无法体现学生学习的主动性;但问题过大了,学生思维是开阔了,表达了许多意见,却未能触摸到新的生长点,这也是开放失败的原因之一。

【典型案例 4】

数学"轴对称图形"①

一位教师教学"轴对称图形",一开始出示本地的几个标志性建筑,说:"你们知道这是哪个城市吗?"接着全力渲染所在城市乃旅游胜地,带领学生观看该市旅游景点的录像,镜头所及的是山清水秀、花红叶绿、林阴错落、寺塔辉映……在学生禁不住赞美与感叹时,教师设问:"为什么会感觉这样美呢?"同时录像定格在景点中的蝴蝶、水杉叶、宝塔、寺庙等具有对称特征的物体图像上,让学生观察、思考:这些物体美在哪里?有什么共同特点?当时,我看到学生还沉浸在美的享受中,很难集中精力观察这些物体"两边完全一样"的对称特点。最后,只能在几乎是教师给出答案的引导下,完成了"观察"与"探究"。

【问题点击】

过多的渲染让学生沉迷于享受

合理的情境创设应该使情境与学生的学习内容有直接的联系,便于学生发现其中的数学现象、数学问题,便于激活学生的生活经验,感悟相应的数学原理,促成学生对问题进行探究。那些舍近求远和隔靴搔痒的情境创设都是不可取的。

---

① 江苏常州市武进区教育局教研室 陈春圣

比较用语

"看了情境(图),你能提出(明白……)哪些学科性(实质性、深层性……)问题?"

【典型案例 1】

数学"6 加几,7 加几"①

出示例题图后,师问:"从图上你可以搜集到哪些信息?"由于低年级孩子形象思维优于抽象思维,往往给出的是一些非数学化的答案:"图上有树、山、小鸟,还有小朋友。"这时,老师换一名同学:"谁能比他说得更好?"于是,另一个同学说:"图上有绿绿的树,高高的山……"但这位老师却巧妙地点拨:"再仔细看看,图中有没有藏着数学问题呢?"于是,学生撇开非主题的事物,明确地表述:"有 6 个小朋友去种树,还有 1 个小朋友推着车过来了,一共有 7 个小朋友去种树。"6+1=7,1+6=7 这两个算式也水到渠成了。

【方法点化】

缩小范围,让学生的发现能有的放矢。

【典型案例 2】

语文《开国大典》

教学《开国大典》最后一个自然段时,文中有这样的一句:"两股红流分头向东城、西城的街道流去。"结合全文的内容,学生明白了"红流"是指"游行队伍","流"是指"走"的意思。这句话描写了参加开国大典后游行的人们向东城、西城走去的情景。

---

① 江苏无锡市港下中心小学　薛丽敏

此时,大多数学生认为对这句话理解得差不多了,再也没有什么好想的了。这时,我播放影片《开国大典》队伍游行的场面后,提出:课文为什么不说“游行队伍”“走”而是用了“红流”“流”呢?经我这一追问,学生的兴趣来了,结合观看影片的感受,体会出“红流”是指游行的人们擎着灯、举着火把前进。“红流”隐含着气势不可阻挡,光明定会代替黑暗;“流”是承接上文的“红流”而来,也进一步突出了中国人民的力量不可阻挡。这样,学生不仅体会出作者用词的巧妙,还进一步理解了文章的意境、情感,把握住了中心。可见,优化问题设计的实质在于教师巧点拨,从而引导学生一步步走向深入,激发学生进行有效参与。

【方法点化】

比较思考,让学生的发现能精益求精。

【典型案例 3】

数学“乘法的初步认识”

在学生学习“乘法的初步认识”时,因为同一意义可以表示两种乘法算式,而同一算式有两种不同含义,如果老师在教学过程中,不注意数形结合,学生对乘法意义的理解往往处于云里雾里的“一知半解”状态。如下图,一共有多少人?

在看图的基础上,学生清楚地理解:横看图形,得到 4+4+4,可以表示成 3×4 或 4×3;竖看图形,得到 3+3+3+3,可以表示成 3×4 或 4×3。

但是,老师问学生:3×4、4×3 表示什么?如果在学生表达乘法意义时,不结合图形,学生会含糊地表述 3×4 既表示 3 个 4 连加,也表示 4 个 3 连加;4×3 既表示 3 个 4 连加,也表示 4 个 3 连加。

大家都知道,3 个 4 连加和 4 个 3 连加具有不一样的意义,同一算式有着不同的意义?这是怎么回事?如果不进行数形结合分析,学生脑中所构建的意义是模糊不清的。

笔者认为:在学生表述 3×4 既表示 3 个 4 连加也表示 4 个 3 连加时,老师应该结合图形强调,3 个 4 连加应该怎样看?(横看)4 个 3 连加又应该怎样看?

(竖看)指一指,说说相同加数是多少?几个这样的相同加数?通过数与形的一一对应,来建构乘法算式所表达的每一种意义。

【方法点化】

数形结合,让学生的发现能"源头活水"。

【典型案例 4】

语文《春晓》

特级教师盛新凤在执教《春晓》一诗时,充分利用了诗边上的插图,由浅入深地引导学生体味诗句的意思。她先启发学生:"整首诗只有短短四句,却向我们展示了一幅美丽的春景图。看插图,你觉得画家画得如何呢?"待学生仔细观察、品味到其中的美后,又让学生进一步体味诗句,图文对照之后发表意见。让学生评析课文插图,此举大大提高了他们学习的主动性和趣味性。通过再次咀嚼诗句、观察插图后,学生趣味盎然,各抒已见。有的说,"处处闻啼鸟",这儿只画了两只鸟,体会不出"处处"的含义;有的说,"花落知多少"的意思是打落了许许多多的花瓣,但图上只画了两三片……这些新发现,正是学生通过对诗中插图的仔细观察所产生的对诗句意思的进一步理解。

【方法点化】

先品后评,让学生的发现能入木三分。

课堂点睛

"生活场景"VS"问题情境"

对白

【话题 1】:原始状态的场景→艺术加工的情境

建构主义:知识的意义总是存在于情境之中的。

有意义教学:教师必须把学习内容转化为问题情境。

问题情境:“双引”——引发学生的兴趣,引发学生的思考;

“双赢”——有利于教师的教,有利于学生的学。

∴没有思维含量的情境充其量只能是情场;

没有情感激励的情境充其量只能是场景。

【话题2】:呈现问题的情境→发现问题的情境

认知心理学:问题就是指在给定的信息和目标状态之间有某些障碍需要加以克服的情境。

呈现问题的情境:学生默默期待教师发问——思维经常处于“待机”状态。

发现问题的情境:学生主动参与情境感知——思维经常处于“检索”状态。

∴教师的教学艺术:要使应该掌握的知识作为学生在课上主动发现的还不知道的知识系统提出来;

教师的教学设计:要考虑如何使知识问题化转为问题情境化。

【话题3】:外在表现的情境→内在存活的心境

有趣的问题情境→良好的物理环境→学生乐于接近知识;

↓　　　　↓　　　　↓

含蓄的知识魅力→良好的心理环境→学生乐于接纳知识。

∴“学生胸有境,入境始与亲”:此时,在学生眼里,知识何需“化妆”,早已是一道耐人寻味的美丽“风景”。

创设问题情境首选策略:从知识内部,从知识的起源、形成的经过及其发展的角度去设置,而不是简单地给教学内容穿上一件“漂亮”的外衣。

喻言

你的脚边有钻石

一位叫阿里的年轻人,为了寻找钻石,变卖了自己的地产,到很远的地方寻找宝藏去了。而买下阿里地产的人,把骆驼牵到后院小河边喝水,骆驼凑到河边时,这人发现了一块闪光的东西,原来是块钻石。不久,卖房的那位年轻人空手而回,来到自己原来住处,发现在自己原来的地产上,正在开掘钻石……

——人们往往舍近求远,其实钻石就在你的脚边。

联想到我们的教育教学,当有的教师“跑”到遥远的故事世界或陌生的生活世界中苦苦寻找教学情境时,或许真正的、合适的教学情境就在你的身边或就在问题本身。

精点

问题的“含苞欲放”、“暗香浮动”，永远是有意义情境的最好注脚。

创新提示

无“图”的情境①

两位教师执教三年级“除法”——

例1教学600÷3，两位教师遵循教材的编排意图，创设了如下情境：

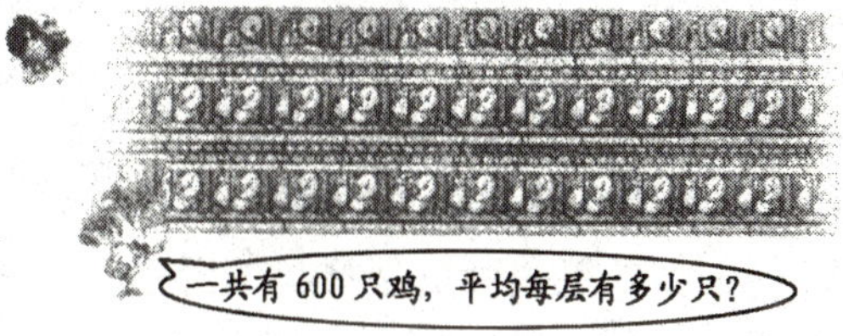

应该说，教学效果不错。一方面，由于情境的现实性与趣味性，学生颇感兴趣，探索的积极性很高；另一方面，由于有了情境图的直观支撑，学生在探索算法时表现得游刃有余，交流算理时，也能根据数的组成或情境图的现实含义，表达思考过程。

然而，面对接下来的例2，两位教师却选择了各不相同的处理方式——

教师A继续沿用原有的现实情境，结合情境图，提出第二个数学问题（如下），并引导学生探索算法，继而展开交流，明确算理。

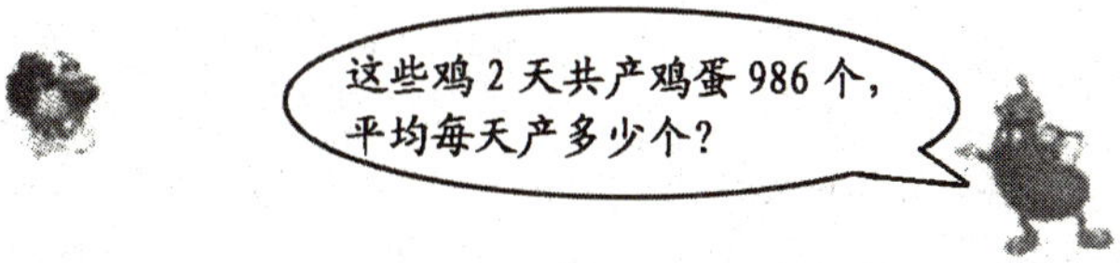

教师B没有沿袭教材的思路，而是将情境撇开，通过如下的方式展开教学。

---

① 江苏海门市实验小学　张荣萍

(1)将例1中的600÷3改为639÷3，引导学生探索算法，展开交流。

(2)进一步将639÷3改为986÷3，同样引导学生探索算法、展开交流。

与两位老师的交流，让我们对这一问题有了一些更新、更深的思考。

教师A以为，同一节课内，数学情境的变化不宜过多、过快。理由是：数学情境有其对数学学习有利的一面，但在某种程度上，它的存在也会无形中干扰学生对数学问题本身的关注与把握，情境中数学之外的无关因素往往会吸引他们的注意力，这一现象在第一学段的数学学习中尤为明显。因而，过多、过快地变换数学情境，只会强化学生认知上的无关干扰，分散学生的注意力，弱化情境的应有价值。

教师B的观点同样发人深省。他认为，计算教学不是非创设现实情境不可的。如今许多人一提计算教学，首先想到的就是能不能创设一个现实的、有趣的现实情境，至于这样的现实情境是否真正有助于学生理解算理、建构算法，进而感受计算与现实生活的密切联系，似乎并不重要。至于此处为何选择放弃情境的连续使用，他的观点也很明确：认真分析例2，我们不难发现，教材沿用情境，无非是想保留情境的连续性与完整性，此处的情境是否还能有力地支撑起学生的算理探索或数学思考，倒是值得商榷的。

首先，现实情境是一种情境，挑战性的问题情境同样是一种情境。教师B的处理看似脱离了现实场景，但根据学生的表现及实际教学效果来看，数据的细微变化反而更加迫切地激发了学生参与“新的问题解决”的内在需要。正所谓“现实性”没了，但“趣味性”、“挑战性”却扑面而来。况且，由于没有了情境的阻隔，学生的思维视角更为集中地聚焦于问题中的数学信息本身，数据的每一次变换，都会迎来学生的“摩拳擦掌”。与教师A的处理方式相比较，学生介入问题的主动性、学习状态、思维积极程度等都有过之而无不及。

其次，现实情境对数学学习而言比较“重要”，但不“必需”。它只是一种手段，而不是一种目的。正因为是手段，就有一个“适切性”的问题，也就是说，什么情况下适合营造一种现实性的问题情境，而什么情况下则不需要。现实情境的创设，应以其能否很好地唤起学生的学习兴趣，尤其是能否有效地帮助学生理解算理算法、建构数学模型为准绳。倘若仅仅满足了前一条件，不用也无妨。一来，激发学习兴趣的方式多种多样，比之更佳者有之；二来，小学生的年龄特征决定了他们往往会更容易为情境中的非数学信息所吸引，并给予更多关注，由此带来数学思考的游离等，反而得不偿失。

新课程教师流行用语二

流行用语

▶"请想象(观察、表演、阅读……),你想(看)到了什么?"

【典型案例1】

语文《天鹅的故事》①

《天鹅的故事》中,老天鹅为了整个天鹅群的生存,用自己的身体与生命一次又一次地去撞击冰面,那是一个怎样感人至深而又震撼人心的场面呀!为了让学生也能从课文中,从语言文字中真切感受到老天鹅与命运抗争的不屈和伟大力量,从而心生对生命的敬畏、礼赞和珍爱,教学中我首先设计了"用心朗读,边读边想象当时的情景"这一环节。在学生一次又一次的轻声朗读中,教师轻问:"读着读着,你的脑海中出现老天鹅破冰时的感人场景了吗?"当大部分学生在读中能再现老天鹅破冰的情景时,老师及时提供"变读为述"的平台——这样吧,我们试着来讲一讲当时的情景,可以一边讲一边打手势。从学生声情并茂的讲述中,老师欣慰地看到,老天鹅"腾空而起","利用下落的冲力像石头似的让自己的胸脯和翅膀重重地扑打在冰面上",再也不是静态的文字,而是身临其境,犹如亲眼目睹的鲜活的感人的场景!这为学生进一步的情感体验作好

---

① 江苏无锡市洛社镇中心小学　李勤

了充分的铺垫。

【方法点化】

“过电影”——引导学生练就“循文明象”的能力。

教学的价值并不在于把静态的文本材料简单地呈现给学生，而在于努力地让教学成为学生主体与文本材料的意义交流与意义生成的活动过程。要实现这种“意义交流与意义生成”，第一步得引导学生练就“循文明象”的能力，即把抽象的语言文字还原成鲜活的生活画面的能力。因此，阅读教学中，让学生一边用心地朗读课文，一边展开联想和想象，在头脑中“过电影”就显得至关重要。

【典型案例 2】

语文《九色鹿》

师：国王的话主要是包括“斥责、惩罚、保护”三个内容。现在，发挥你的想象，将国王的原话写出来，看谁写得生动形象？（**生独立想象写话**）

生：国王非常气愤，说：“调达，你这个见利忘义的家伙！当初九色鹿救了你的命，你现在怎么忘恩负义呢？为了金钱，你的良心竟然让狗给吃了！我们的国家怎么会出你这样的败类？来人啊，将这背信弃义、恩将仇报的家伙拖出去，重打 50 大板，永远驱逐出我们国家！传令下去，今后谁再伤害九色鹿，格杀勿论！”

师：斥责得很有力度！惩罚、保护得也很有法度！你是一个好国王！

生：国王非常惭愧，他恨不得寻条地缝钻进去。（**师插话：这就叫惭愧！写得形象了。**）他一转身，指着调达的脑袋痛骂：“你这个狼心狗肺的家伙！竟然将九色鹿对你的救命之恩当作了驴肝肺，见利忘义、背信弃义、恩将仇报！我为我们国家出了你这样的小人感到羞耻！我真是瞎了眼，相信你这种小人的话，差点滥杀无辜！幸好有九色鹿揭穿你的丑恶嘴脸，让我看清了你的真面目。（**掌声**）来人呐，将这灵魂肮脏的小人推出去斩首示众！”（**众笑**）

师（**插话**）：你这个国王用刑严厉！（**众笑**）

生（**接着说**）：“我宣布，今后九色鹿可以在我们国家自由地生活，谁也不能伤害他。否则，就是调达的下场！”

师（**接话**）：斩首！（**众大笑**）

师：你这个国王可真幽默！

【方法点化】

“补空白”——引导学生开发“言外之音”的绚烂。

课文中有许多“空白点”，蕴含着浓郁的情感因素，如果凭借想象之炬点燃情感之火，巧妙地变“空白点”为“燃烧点”，让教师的情、学生的情、教材的情水乳交融，学生思维的火花就会绽放得更加绚烂，语文课堂就会成为情感流淌的课堂、智慧飞扬的课堂。

案例中，教师抓住教材中的“言外之音”、“弦外之意”进行巧妙的开发，基于文本又超越文本，不仅实现了期待视野和召唤结构的高度融合，拓展了文本资源，也开启了学生尘封的心扉，张扬了独特的个性，生成了智慧的言语，使学生享受到创造的乐趣。

【典型案例 3】

低年级写话课

今年三月下旬的一天，我前往一所学校听课。虽然已接近晚春季节，可那天天气依然很冷，西北风呼啸，湖面上仍结着冰；岸边的柳枝尽管泛黄，可还是僵直的；路旁玉兰树的花苞仍旧瑟缩着。只有拨开枯黄的杂草，才偶见一点点新绿……

这是一节低年级写话课，内容是要求学生先观察春天景物的变化，然后写下来。教师首先让学生观看一段优美的动画课件：春姑娘翩翩走来，小河上的冰融化了，河水淙淙地流着；大雁飞来了，一会儿排成“人”字，一会儿排成“一”字；春姑娘拉起小提琴，大地上微风拂煦，绿柳婆娑；春姑娘拉起手风琴，花园中百花盛开，争芳吐艳；春姑娘吹起长笛，田野里黄花摇曳，彩蝶飞舞。随后，教师让学生说一说画面中的内容，接着便让学生动笔写下来。

这节课，教师设计得很精心，充分运用现代信息技术手段创设情境，激发学生主动练笔的欲望。但是，教师却忽视了重要的一点，即：课前没有布置学生留心观察周围环境中真实的景物变化，所创情境脱离当地真实的自然景象。让学生观看“人造的春天景物”来写话，无异于在教学生脱离生活说假话、空话、套话。也丧失了引导学生观察周围环境，培养学生观察、感受、想象力的机会，使写话、习作训练成了无源之水。

【问题点击】

人造景物—— 让纪实与想象“成了两张皮”①

《语文课程标准》提示我们：在确定写话与习作内容、设计训练形式方面，纪实与想象要并重、紧密结合。尤其是低年级，学生处于学习书面表达的最初阶段，生活经验少，长于想象。然而，重视想象性练笔，决不是说就可以忽视或削弱纪实性训练，更不是说就可以用想象性练笔取代纪实性训练。恰恰相反，纪实性训练一刻都不能放松，只能加强。因为它是小学阶段最基本的训练形式，融观察、体验、想象、表达为一体，是想象性练笔、应用性练笔、读书笔记等所有训练形式的基础。纵观小学阶段的写话习作训练，低年级，应由想象性练笔起步，鼓励并引导学生写自己想说的话，写想象中的事物，同时注重观察、纪实性训练；中、高年级，以观察、纪实性训练为重点，并以此带动和促进学生的想象性练笔、应用性练笔等。

【典型案例 4】

数学估算

教师呈现习题，并提问：请你估计一下，这个盒子里可以放多少个牛奶罐？

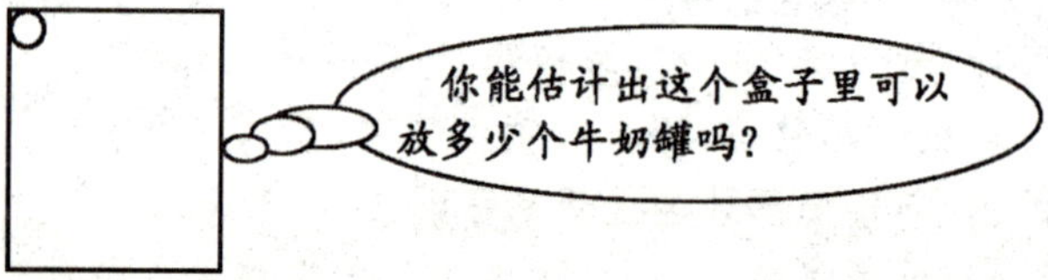

生 1:60 个。

生 2:58 个。

生 3.40 个。

师：不知道小朋友猜对了没有，让我们看一下正确答案。

教师出示了图片，孩子们恍然大悟，原来可以摆 42 个。

① 北京市密云县教研中心　杨德伦

【问题点击】

随心所欲—— 让结果与实际“跟着感觉走”

该环节的处理在两个方面存在着问题：

1. 估计缺少必要的依据。在组织学生进行估计时，一般需要提供“估”的依据，从而使学生的“估计”显得有理有据。本教例中，教师组织学生直接从一个牛奶罐去推断整体，得到的结果与实际相差甚远，并不奇怪。而如果有学生猜测的结果与实际数量非常接近，这样猜得的结果也是没有多大价值的。

2. 对估计结果的处理过于草率。从某种意义上说，学生估测的结果一方面反映了学生对学习材料的感知程度，另一方面也反映了学生“估算”的策略水平。从估计的结果出发去认识学生的思维过程，不失为一种了解学生思维状态，调整教学策略的有利时机。教学中，教师如果能对学生估计的结果进行追问，引导学生展示自己的思维过程，那么这个结果就有更大的价值了。

比较用语

“请先想象（观察、阅读……），再观察（想象、表演……），你想（看）到了什么？”

【典型案例 1】

数学估算

教师呈现习题并设问：请你估计一下，这个盒子里可以放多少个牛奶罐？

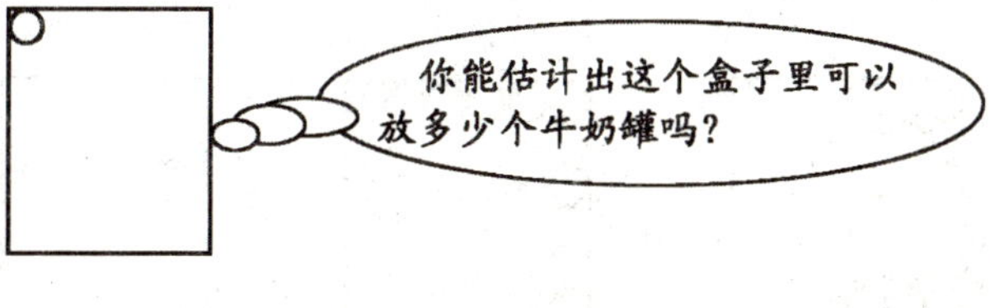

生 1：50 个。

师:你是怎样估计的?

生1:我是猜的。

生2:56个。我也是猜的。

生3:40个。

师:你们觉得这些结果哪个比较准确呢?老师给大家一点提示。(出示右图)

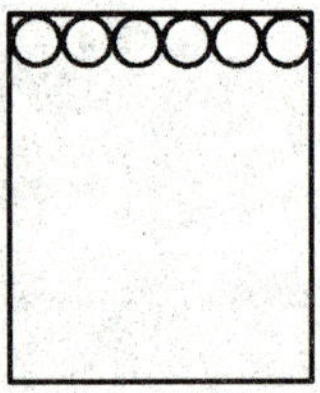

有学生兴奋了,抢着说:老师,我知道,一共可以摆42个。

师:为什么?

生1:因为每排放6个,我估计可以排这样的7排,6×7=42。

生2:我认为是36,因为我估计可以放6排。我们学了六六三十六。

生3:我认为是48,因为可以排这样的8排,6×8=48。

……

师:老师再给大家一点提示,你们就会知道谁的答案最接近了。(呈现右图)

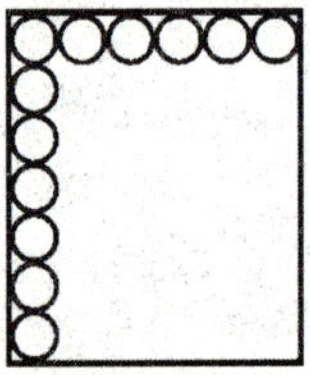

师:你知道这样可以摆多少个?

生:是42个。

师:42个,你是怎样知道的?

生:一排有6个,竖的可以摆7个,也就是有这样的7排,六七四十二。(媒体呈现一盒子的数量,如右图)

师:小朋友的眼力真好,估计的答案都比较接近,而且说出了自己的理由。那为什么第一次估计起来比较困难,后来就越来越容易了呢?

生:因为第一次就一个牛奶罐,看不准。后来有一排牛奶罐了,有了样子,看起来就比较容易。

师:你现在能估计下面的盒子里大约可以放多少个同样的苹果吗?(○表示一个苹果)

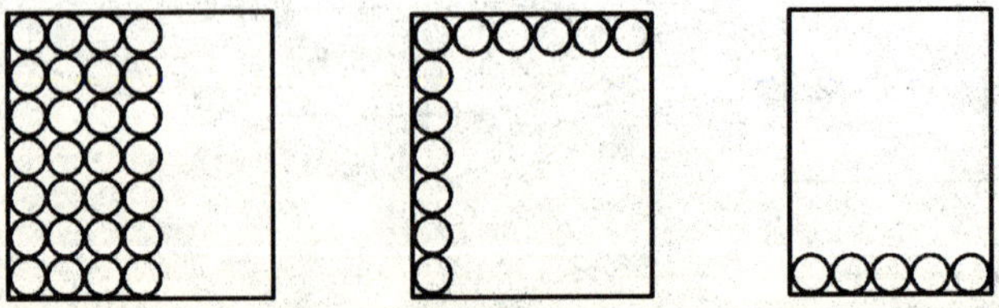

【方法点化】

先想后比——旁敲侧击—— 让学生猜测得更准。

案例中,比较有效地引导学生经历了“估”的过程:

1. 给学生提供“估”的支点。从数学意义上来理解,估计并不是乱猜,而是一种有根据的判断。低年级学生的判断推理能力还比较弱,在“估”的技能上几乎是一张白纸。于是,教师呈现的“一排的数量”、“一排一列的数量”均成为了学生估计、判断的支点。

2. 让学生体会“估”的价值。对“估”的认识往往影响到估算作为一种数学意识和技能在学生认知结构中的形成。很明显,在第一层次中,学生呈现了对估计的原有认识状态,认为估计就是猜。然而,当学生经历了后面几个环节的活动之后,对估计的认识已经发生了质的改变:借助于“一排的数量”来推断整体,知道估计有了一定的条件作支撑时,得到的结果相对准确;借助于“一排一列的数量”来推断整体,感悟到估计时所考虑的相关因素越多,结果越接近准确。学生对“估”的认识已经不仅仅停留在“猜”的经验层面上,而是提升到了需要有一定依据的推理和判断——“数学中的估计”上来。

【典型案例 2】

数学“角的度量”

赵老师设计了这样的练习:“猜一猜,下面的角可能是多少度?”

1. 角的一条边指向右边的 20 度、30 度、50 度,另一边不给出。学生猜测 20 度、30 度、50 度后,教师出示另一边正对着零刻度线,学生成功通过。

2. 角的一条边指着 60 度,另一条边暂不给。学生猜测 60 度后,教师出示另一条边(指向反方向),学生连呼上当。

3. 角的一条边指着 70 度,另一条边暂不给。学生冷静猜测:这个角可能是 70 度,也可能是 110 度。教师出示角的另一条边不是指向零刻度线,学生再呼上当。

4. 角的一条边指着 80 度,另一边暂不给。学生抢着回答:如果另一条边对着零刻度,这个角是 80 度或 100 度;如果另一边没对着零刻度,则无法知道角的度数。教师出示另一边,正对着 30 度刻度线。学生先是直呼“无法测量”,继而纷纷举手,“应该是 50 度”……

【方法点化】

先想后看——一波三折——让学生思考得更深。

案例中，每一个问题的设计都蕴含着丰富的思考内涵，且直指本课所学新知：如何准确地用量角器测量角的度数。学生在一波三折的思维波澜中不断经历着认知结构的失衡与平衡，“角的度量”的认知难点被成功突破，思维能力也在解决问题的过程中不断提升。

【典型案例 3】

语文《狐假虎威》[①]

师：下面 7、8 两节就是写它们到森林去的情景，这两节写得非常精彩。请仔细读一读，过一会儿，我请几个小朋友把这两节写的事表演一下。要想演好，必须先读好。（**学生认真读书。之后，老师找了五位小朋友，戴上头饰，分别扮演文中几种动物**）

师：其余同学都来当导演，导演更了不起。各位导演看看狐狸和老虎谁在前，谁在后，为什么？请读书，根据书上的要求指导。

生：狐狸在前面走，老虎跟在后面走。因为书上说了“再往狐狸身后一看，呀！一只大老虎”。

生：图上画的狐狸在前，老虎在后。

师：这两位导演读书很认真。小兔啦，野猪啦，应在什么地方？

生：他们在森林深处，要站得远一点。

师：看来小朋友把课文读懂了，都是出色的导演。下面请一位小朋友朗读 7、8 两节，由五位扮演动物的小朋友表演。（**一生朗读，“狐狸”在前面大摇大摆地走，“老虎”在其后东张西望**）

师（**问“老虎”**）：你东张西望什么？

虎：我看看动物们是不是怕狐狸。（**众笑**）

（**“狐狸”、“老虎”继续往前走，“小兔”、“小鹿”等一见“老虎”，“呀”地一声，撒腿就跑**）

师（**问“鹿”**）：你为什么跑？害怕谁？

鹿：我怕的是老虎。

---

① 福建省霞浦县教师进修学校　潘俊亮

师:不是怕狐狸?

鹿:谁怕它呀!(众笑)

师:同学们,不,各位导演们有什么意见吗?(小朋友们给予充分的肯定)

师:看了表演,我想“神气活现、摇头摆尾、半信半疑、东张西望”这些词你们都懂了。小朋友们再读的时候,一定读得特别有感情,大家读读看。

【方法点化】

先读后演——照章办事—— 让学生模仿得更像。

【典型案例 4】

语文《山寨》①

北师大版二年级语文《山寨》一文有以下几个带有生字的词语:山寨、炊烟、七拐八弯、林遮树掩、青藤、汪汪。

教学时,教师首先通过多媒体课件,展示山寨神秘而美丽的景色,并配以声情并茂的描述:顺着七拐八弯的山路,我们在寻找山寨。抬头向山顶望去,只见山上升起了缕缕炊烟。爸爸告诉我,山寨就在那里。我们爬上山坡,山上到处林遮树掩。走进树丛,看,山寨就在这里!一大片青藤垂挂在屋檐上。从哪里进去呢?几声“汪汪”的狗叫声终于让我们明白,原来,山寨的门在那里。

随着画面的推进,屏幕上依次出现“七拐八弯、炊烟、林遮树掩、山寨、青藤、汪汪”等6个词语。接着,教师让学生再一次观赏画面。当屏幕上出现词语时,学生轻声读词语,读出自己的感受。

紧接着,屏幕上消去画面,只留下6个词语。教师让学生自由读词语,边读边想象跟词语相关的情境。从表情和眼神中,可以看出他们已被词语所描绘的景象感染了,读得很有感情。最后,让学生用两三个词说几句连贯的话,他们运用得那样准确、生动,有点出乎我的意料。

【方法点化】

先观后想——“按图索骥”—— 让学生想象得更顺。

① 福建永春县教师进修学校 陈永林

课堂点睛

▶“单刀直入”VS“多谋善断”

对白

【话题1】：直截了当→转弯抹角

∵距离是一种美丽；

曲线是一种美丽。

∴有效教学需要在距离的伸展中前进：

——延长“看一看”与“做一做”与“想一想”之间的“风景线”；

——延长学生“且行且思”的“智慧线”，走遍天下都不怕。

【话题2】：孤军作战→众擎易举

∵动而不思则浅——

“只看不想”，那只是一种观看，而不是一种观赏；

思而不动则空——

“只想不看”，那只是一种空想，而不是一种思想。

∴有效教学需要在活动的丰富中前进：

——我们不需要：用一种曲调“只”唱一首歌；

——我们却需要：用多种曲调“同”唱一首歌。

【话题3】：一步登天→步步为营

∵学习需要一段过程；

过程也是一种学习。

∴有效教学需要在过程的起伏中前进：

悬念——如同一条“虚线”——让学生在猜测中思考；

陷阱——如同一条“曲线”——让学生在挫折中思考；

对照——如同一条“平行线”——让学生在比较中思考；

……

喻言

最后的秘密

某公司要招聘一名总经理助理，经过认真挑选，50人有幸被通知参加笔试，他们个个胸有成竹。考官把试卷发给他们，试卷是这样的：综合测试题（限时3分钟）：(1)请认真读完试卷；(2)请在试卷的左上角写上姓名；(3)请写出五种动物的名称……这份试卷共有20道题，许多考生匆匆扫了一眼试卷，拿起笔就写。3分钟很快就到了，考官宣布考试结束，未按时交的试卷一律作废，考生纷纷埋怨时间太短。

在考生的埋怨声中考官微笑着说："请大家再认真看看试卷，或许会对你们以后有所帮助。"听完考官的话，不少人在继续往下看，只见最后一题是这样的：(20)如果你已经看完了所有的题目，请只做第(2)题（只需写上姓名即可）。

精点

当你勇往直前时，别忘了留一个"心眼"审时度势，三思而后行！

创新提示

形象识字[①]

我在批改作业时发现，部分同学将未来的未，写成了末。我想："未"与"末"这两字字形接近，容易混淆，应该在课堂上加以辨析。我把"未"与"末"写在黑板上，准备按照以前的教法，直截了当地告诉学生：上横短的是未来的未，上横长的是末尾的末。

这时，一位女生站起来，"老师，我有办法区分这两个字。"我很高兴，"那就把你的想法说一下。""我把'未'字上面的短横想象成现在，下面的长横就代表将来，将来长，现在短，这说明将来的生活一定比现在好。这样我就记住了未来的未，至于'末'吗，就不必记了，因为记住了'未'也就区分了'末'。"学生的想法可真妙，我为之一振，在座的同学也感到很新奇。我在赞扬她的好方法的同时灵机

---

① 山东省长岛县砣矶镇磨石嘴小学　王新军

一动：何不趁此机会，放手给学生，让他们动动脑筋、想想办法呢？

片刻的沉静后，一只只小手举起来，课堂气氛也渐渐热烈起来，学生纷纷发言——

生："未"的上半部分可以看成正三角形，表示勇往直前，是未来；"末"的上半部分可以看成倒三角形，既然倒过来了，那只能是末尾了。

师：你能把字与图形联系起来，很有创意。

生：老师，我在课外书上找到了一段顺口溜：孪生兄弟"未"与"末"，头小肩宽是哥哥，他的名字叫未来。头大肩窄是弟弟，他的名字叫末尾。他们长得可真像，你可不要搞错了。

我还没来得及做出评价，教室里不约而同地响起了热烈的掌声。

新课程教师流行用语三

流行用语

▶"从生活联系出发,你能理解(运用……)所学知识了吗?"

【典型案例1】

地理"地图"①

上初中一年级地理"地图"一节课,我让学生画出家到学校的线路图或学校的平面图。

"纸这么小,家离学校那么远,怎么画?"

我只好给学生讲比例尺。

"距离怎么量?"

"用脚步。"

从此班上传开了,某某离校四千多步,某某离校六千多步。其实,无论刮风下雨,他们都是在用脚丈量着家与学校的距离,农村孩子的知识是用脚板丈量出来的。

"我家在学校的东方"、"我家在学校的北方"……学生七嘴八舌,看来问题不少。

---

① 四川省岳池县断桥初级中学 陈国彬

我于是给学生讲地图的方向。

“经过的街道、河流、公路、大石塘怎么画？”

我又给学生讲了图例。

效果出奇地好，因为教到了学生心坎上。

最初画出来的只是一些简单的线段图。我说：“如果让一个陌生人按图能找到你的家就好了。”孩子们便添上了重要的标志物和邻近的地貌特征。我又说：“现在虽然是秋天，但应该把我们的家乡画得更美丽。”学生又把沿途的风光画上去了。

一张张漂亮的地图画出来了，学生的脸上绽放着灿烂的笑容。大多数同学意犹未尽，又把学校的平面图画出来了，我的脸上也露出了满意的笑容。

【方法点化】

在生活中感受学习知识的形成。

【典型案例2】

一道语文试题

题例：电视、报纸、杂志以及街头巷尾的广告可谓是形形色色，但有些广告用语却改变了汉语正规用法，请你给下列广告词“杀毒”，恢复这些成语的原貌。

(1)某热水器厂广告词：随心所浴(　　)

(2)某山地车厂广告词：骑乐无穷(　　)

(3)某肉鸡公司广告词：鸡不可失(　　)

(4)某制衣公司广告词：百衣百顺(　　)

【方法点化】

在生活中体验运用知识的价值。

新课程理念告诉我们，要加强语文学习与生活的联系，让学生在生活中学习，让学生的语文素养在生活中培养和提高。这就决定了语文评价也应联系学生的生活实际。因此，语文命题要生活化，语文考试要有语文味，也要充满生活味。

【典型案例3】

数学“小数的性质”

师：以元为单位，4角怎么表示？

生：0.4元。

师：那40分呢？

生：0.40元。

师：以米为单位，4分米怎么表示？

生：0.4米。

师：那40厘米呢？

生：0.40米。

师：你发现了什么？

生：0.4元＝0.40元，0.4米＝0.40米。

师：为什么？

生：因为4角＝40分，所以0.4元＝0.40元；因为4分米＝40厘米，所以0.4米＝0.40米。（由于学生有这方面的生活经验和知识基础，不出所料，学生很快得出0.4元＝0.40元、0.4米＝0.40米）

师（擦去单位名称，剩下0.4＝0.40）：那现在相等吗？

生：不相等！（90％的学生异口同声地回答）

师：为什么？（我愣住了！）

生1：老师，您觉得0.4元＝0.4米吗？

师（实在没想到有这种情况。学生的反问，让我吃了一惊）：当然不等！

生1：所以0.4≠0.40。

生2：我也觉得0.4≠0.40，因为0.4和0.40的后面可以随便跟什么单位，比如0.4千克和0.40克也不相等。

生3：0.4和0.40有时候相等，有时候不相等，后面的单位相同时，0.4＝0.40；后面的单位不相同时，0.4≠0.40，所以0.4和0.40在没有单位的情况下就无法比较。（看来，学生已经陷入生活的具体情境中出不来了，我只好“以其人之道，还治其人之身”，采取紧急措施）

师：我们先不管0.4和0.40。请问“1＋1＝2”对吗？

生：当然对！

师：我认为是错的！

生：什么？（他们大叫一声，又迟疑了一下）不可能的！（大家异口同声地喊）

师：那“1个球＋1个人”等于2个球还是2个人？

生：都不是！

师：所以“1＋1＝2”是错的。（大家小声嘀咕：老师说的好像有道理。可是“1

+1=2”确实是对的呀!他们开始思考。过了好一会,有人举手了)

生1:“1个球+1个人”等于2个东西。

生2:人不是东西。

生1:等于2个物体,可以吧?

师:“1个球+1个人”等于2个物体,对吗?(大家都赞同)

生3:老师,我知道了,1+1=2说的是数字,不是具体的东西,所以“1+1=2”是对的。

师:讲得太好了。当一个具体物体的数量抽象为数字时,这个数字就不仅仅表示原来物体的数量,它还可以表示和它数量相等的其他物体的数量。为了研究的方便,数学里把它们抽象成数字,这些数字只有在具体的情境中才有具体的意义。现在0.4=0.40吗?

生:相等。

师:为什么?

生1:0.4是数字,表示4个0.1;0.40也是数字,表示40个0.01,也就是0.4。所以0.4=0.40。

生2:0.4和0.40的整数部分相等,十分位也相等,0.40的百分位上是0,表示没有,所以0.4和0.40的大小相等。

师:像这样的例子还有吗?

生:0.3=0.30,0.560=0.5600,……

师:观察以上的例子,你发现了什么?

生:小数的末尾添上0或去掉0,小数的大小不变。(费了半天的周折,终于回到正轨了)

【问题点击】

学科知识并非都能从生活情境中顺利导入

案例中,学生根据老师创设的情境,由自身生活中的经验,很快得出0.4元=0.40元,0.4米=0.40米,此时的0.4和0.40都有具体的含义,学生的思维被框在具体的情境中。正因为生活中的这些数是名数,它表示具体的含义,所以当数字没有单位名称时,学生无法确定其具体含义,就认为它们不相等,理由是数字的后面可以跟上不同的单位名称,而这是无法比较的。在具体生活情境中的数是有具体意义的,它有一定的局限性,正是这种局限性影响了知识的正迁移。

比较用语

►“从知识联系出发，你能理解(运用……)所学知识了吗?”

【典型案例 1】

数学“小数的性质”

师(**板书** 0.4、0.40):这两个小数看上去有什么相同与不相同的地方?

生 1:0.4 是一位小数,0.40 是两位小数,它们的位数不一样。

生 2:0.4 比 0.40 后面少了 1 个 0。

生 3:它们的计数单位也不一样,0.4 的计数单位是 0.1,0.40 的计数单位是 0.01。

生 4:它们的整数部分相同,十分位也相同。

师:这两个小数看上去很相似,猜猜它们的大小有什么关系呢?(**有的说相等,有的说** 0.40 **比** 0.4 **大**)

师:光争论没有理由是不能说服别人的。现在,请有相同观点的同学在一起,想办法验证自己的观点。如果你有充分的理由认为自己的观点是正确的,就想办法说服和你观点不同的同学。(**学生进行小组讨论后汇报**)

生 1:我们认为 0.4－0.40,因为 0.4 元是 4 角,0.40 元是 40 分,4 角－40 分,所以 0.4＝0.40。

生 2:我们也认为 0.4＝0.40,因为 0.4 米是 4 分米,0.40 米是 40 厘米,4 分米＝40 厘米,所以 0.4＝0.40。

生 3:我们用画图的方法,也证明 0.4＝0.40。把一张正方形纸平均分成 10 份,涂色部分是 4 份。把另一张同样大小的正方形纸平均分成 100 份,涂色部分是 40 份,两张纸涂色部分的面积一样大,所以 0.4＝0.40。

师:通过验证我们知道 0.4＝0.40,像这样的例子还有吗?

生:……

师:观察以上的例子,你发现了什么?

生：小数的末尾添上0或去掉0，小数的大小不变。

【方法点化】

从知识内部切入，有效减少了外部的干扰因素。

这一案例直接从数学的角度切入，0.4和0.40没有具体的单位名称，这两个数就没有具体的含义，学生的思维没有被定势，反而可以联想已有的经验进行验证，得出0.4=0.40的结论。在这里，学生成功地运用了"关系映射反演"原则：给每个数加上一个单位，比如"米"，这样就形成了"数"与"长度"的一一对应关系，"长度"是"数"在这个映射下的象。利用生活经验和数学经验，得到了象之间的关系（0.4米=0.40米），然后利用"反演"得出这两个象的原象之间的关系（0.4=0.4）。学生运用"关系映射反演"原则来解决问题，从一般到特殊，从而有效地避免了由生活经验（特殊）到数学知识（一般）所带来的"意外"。

充分利用学生生活中的数学进行教学是数学教学"生活化"的特点。这种由学校以外的生活实践形成的各种数学知识和技能具有直接性的特点。这种直接性十分有利于调动学生的积极性，而且置身于实际情境往往也有利于主体更好地发挥自己的聪明才智。然而，也正由于它是与各个具体情境直接相联系的，与实物、事物对应性强。因此，相应的数学知识和技能的可迁移性差，概括性、抽象性水平低，从而就表现出明显的局限性。就如建构主义所指明的那样，在数学教学中通过"贴近生活"得以调动的学生的生活经验就未必如我们所期望的那样，恰能为抽象的数学概念或知识的学习提供合适的基础，而还可能包括许多不相干的、甚至是有一定的干扰性的成分，对学生的数学学习产生负面效应：影响学生完成从特殊到一般的抽象过程。

【典型案例2】

数学"乘法分配律"①

人教版、苏教版、浙教版都是从购物、行程等生活问题中引入乘法分配律，在教学时教师总感到不顺，学生也感到理解吃力。其实仔细想来，早在二年级学习"两位数乘一位数"及其口算时学生就开始不自觉地使用乘法分配律了，只不过当时没有把它提炼出来转化为学生的自觉认识，而是从乘法意义的角度予以解释说明的。由此，我大胆地提出猜想：乘法分配律的有效教学起点是学生的口算

---

① 江苏省淮安市北京路小学　席爱勇

经验而非日常生活，应以此为切入口组织教学。我对教材进行了大胆的剪裁，重新整合教学资源，设计教案，进行试教。教学过程如下——

师：让我们先进行一组口算，看谁算得又快又准？21×7、42×3、73×4、105×9。（学生口算后汇报口算结果，部分学生算得较快）

师：你（们）怎么算得这么快？以21×7为例，谁来给大家介绍一下？

生：我先用20×7=140，1×7=7，然后用140+7=147。

师：能说说这样算的道理吗？

生：21×7就表示21个7相加，就等于20个7加上1个7。

师：谁能把这个口算过程用算式表示出来？

生：21×7=(20+1)×7=20×7+1×7=140+7=147。

师：谁来介绍一下73×4该如何进行快速口算？

生：73×4=(70+3)×4=70×4+3×4=280+12=292。

师：能说说这样做的道理吗？

生：因为73×4表示73个4相加，就等于70个4加上3个4。

师：谁再来介绍一下105×9如何进行快速口算？

生：105×9=(100+5)×9=100×9+5×9。

师：这种方法你会了吗？

生：会。

师：好，让我们运用这种口算方法再进行一组听算，老师报算式，你们直接写结果，开始。34×2、26×5、41×6、203×4。（这次学生算得都很快，而且结果很准确）

师：看来这种口算方法还真灵！其实这种口算方法，我们早在二年级的时候就使用了。让我们好好分析一下这种口算方法，先读读左边的算式。（生齐读三道算式）

师：仔细观察一下，这三道算式似乎呈现出一些共同的特征，你发现了什么？

生：都是两个数的和与一个数相乘。

师：再读读右边的算式。（生齐读三道算式）你发现了什么？

生：都是用两个数分别去乘同一个数，再把所得的积相加。

师：我们再把等号左右两边算式联系起来看看，你又发现了什么？左边的算式怎样变成右边的算式？先在小组内讨论讨论。

生：右边的算式就是用左边括号里的两个数分别去乘括号外面的数，再把两个积相加。

师：老师再写一个这样的算式(40＋3)×13，按照这样的规律，应该写成什么等式？

生：40×13＋3×13。

师；左右两边到底等不等呢？怎么办？

生：计算一下各自的结果，看等不等就行了。

师：好，那我们就请左半边的同学计算(40＋3)×13，右半边的同学计算40×13＋3×13，做好后交流一下，验证一下左右两边的等式到底等不等。

师：是不是所有类似的算式都存在这样的规律呢？**(学生验证)**

师：老师这儿也写了一个等式(□＋□)×□＝□×□＋□×□，猜猜看，老师可能写了什么？

生1：(20＋5)×7＝20×7＋5×7。

……

师：像这样的算式能写完吗？怎样才能清楚地表示出这一系列等式所呈现出来的规律？

生：用字母表示，$(a+b)\times c=a\times c+b\times c$。

师：我们把数学运算中存在的这样的规律叫做乘法分配律。谁能给大家介绍一下什么是乘法分配律？

从几道简单的口算题引入，用乘法的意义来解释说明，通过观察、猜想、验证，让学生在轻松愉快的氛围中轻而易举地发现了其中蕴含的规律——乘法分配律。实践证明：我的猜想是正确的。

【方法点化】

从知识内部切入，成功激活了先前的学习认识。

乘法分配律教学，对学生而言，从口算中引入比从生活中引入更容易理解，因为学生更多的是在运算中运用乘法分配律，而非在日常生活中运用。这节课，正是要把潜藏在学生不自觉行为背后的规律转化为学生的自觉认识。因此，选择口算作为本节课教学的切入口是再恰当不过了。

课堂点睛

▶"生活引力"VS"知识魅力"

对白

【话题1】:源于生活→用于生活

∵陶行知:没有生活做中心的教育是死教育;
没有生活做中心的学校是死学校;
没有生活做中心的书本是死书本。
∴教学要走进生活天地:
"寻找生活原型"→"建构知识模型";
"解答书本问题"→"解决生活问题"。

【话题2】:用于生活→高于生活

∵知识外延≠生活外延;
生活知识≠书本知识。
∴教学要走出生活天地:"创编故事情境"<"创设现实情境"<"创造问题情境"。

【话题3】:高于生活→源于知识

∵学生年级越高+知识层次越高=知识味浓度-生活味浓度;
教育也是一种生活:知识的、睿智的、诗意的生活。
∴教学要走进知识天地:"依赖生活引力"<"挖掘知识魅力"。

喻言

同一首歌

有句歌词唱道:"生活像一首歌。"在教学中,知识好比是歌词,生活好比是曲调。歌词加曲子可以成为歌曲。知识用生活的旋律"唱"出来,学生容易听得进、想得出,但歌曲表达的思想内容更需要歌词的对照与明析。

精点

知识教学，同样需要“由外而内的美丽”。

创新提示

“给父母洗脚”①

在一次放假前，我给学生布置了一项特殊作业：给父母洗脚，并就这件事写篇作文，要求作文后面有自己父母写的一段话。学生对这项不同一般的作业议论纷纷，对此，我与学生进行了沟通，坦陈这次写作活动的目的：通过亲身体验，实现与父母的更多交流，体察父母的艰辛，写出一篇真情实感的作文。

“五一”长假后，作文交上来了。不管是洗了的还是没洗的，“洗脚作业”触动了大家内心一些微妙的东西。大部分学生觉得那种感觉很复杂，难以说清。

作为教师，我发现这次独特经历的体验令学生的作文变得多姿多彩，字里行间流露出的赤子之情令学生原本朴实的文字生色不少。为父母洗脚，不一般的活动，使学生对生活有了自己的体验。不善言谈的周颖同学在作文中写道：“晚饭过后，父母电视也不看了，等着儿子给他们洗脚。”文静内向的沈涵之是这样写的：“我再次抬头看，发现妈妈眼眶湿湿的，我知道是为什么，所以没开口说话。”乖巧可爱的唐艳君发现：“妈妈看似完好的双脚，其实已满是老茧，又厚又硬，摸上去有一种粗砺的划痛！再抬头看了看妈妈的脸，发现妈妈鬓角的皱纹和白发已经一天天地增多了，不知不觉中妈妈的脸上已经显露出年龄的痕迹。”一向懂事的何婷婷觉得：“心酸、心疼、感伤被揉成了一团。”而大大咧咧的张洁也发现：“一件微不足道的小事，就能让父母乐上好长一段时间，甚至是一辈子。”……饱含感情的文字，读来令人动容。

“洗脚”作文，不仅使学生的文章生色，更给他们带来了不少人生感悟。男生王佳钰在作文中写道：“给父母洗脚是我第一次给母亲做的实实在在的事。”女生陈蒙婧由给父母洗脚领悟到：“我们是彼此生命中最重要的人，要相互珍惜和爱

---

① 江苏无锡市辅仁高中　李曼泓

护。”而娇娇女汤雨燕在作文中谈到，她想给父母洗脚，可父母就是不肯让她洗，在多次努力失败后，她感到：“父母的爱竟带了一种只出不进的诚惶诚恐，可爱而又令人心酸。”

这次特殊的作文经历，使学生拥有一份独特的体验，也使他们的作文更具个性。生活是写作之源，不错的，但是如果生活离开了内心体验和主观感受，那么生活就只是一种表象和机械的周而复始而已。在学业重负和升学压力面前，学生个体的内心体验遭到了严重的压抑，在网络、电视、物质享受和时尚潮流的不断电击之下，他们内心的触角，逐渐从敏感变为迟钝，他们的作文时常带着世故，给人大同小异之感。一颗麻木、浮躁的心灵又怎么能从外界获得丰富、深刻、细腻的体验呢？因此，缺少写作的欲望和冲动的他们，不喜欢写作，而这正是因为他们体验不到生命的成长和创造，缺少生命的意义感和幸福感。

“新课标”提出了语文学习需要“联系生活”，尊重学生“体验”的理念。这对我们的写作教学提出了更高的要求：要让学生热爱生活，尊重学生的体验，并且引导他们懂得如何表现体验。我通过布置学生回家给父母“洗脚”，然后写作文，目的正是通过学生的亲身经历而使他们获得一种觉醒。虽然有的学生并没有给父母洗脚，但通过写作，他们也或多或少想到了父母的艰辛，思考如何与父母沟通，从中得到真切体会。孙晨晨同学因父母在外，没能为父母洗脚，她的体会是：“虽然我并没有为父母洗脚，但我想我会在平时一点一滴中替父母分担一些，也许是洗一次碗，也许是拖一次地，也许是自己洗一次衣服……总之，做一些实际的事，给父母一份安慰，带去一份开心。”

只有对生活有了独特的体验，写作才会是充满激情和创造的活动。“为父母洗脚”，这次作文活动，让学生与父母有了零距离接触，彼此拥有了很好的渠道进行沟通。宗文辉的母亲在儿子的作文后写下这样一段话：“第一次享受儿子的洗脚，感觉真的很特别。洗的时候感到脚热热的，不是水暖的缘故，而是由于儿子的那颗心。”浦晨远的父亲则直言：“托老师的福，感觉好极了。”无论是学生，还是家长，他们的感受都是细腻而有新意的。这次，绝大部分学生在完成作文时，没有畏惧感，写出来的作文，较以往命题作文更多了几分精彩。

新课程教师流行用语四

流行用语

▶“下面请看多媒体电脑演示。”

【典型案例 1】

语文《翠鸟》

教学《翠鸟》一课,“翠鸟的外形”这段文字是理解的重点,作者如何描述“羽毛颜色非常鲜艳”又是其中之重点。我引导学生做图,很好地理解重点。如“它的颜色非常鲜艳。头上的羽毛像橄榄色的头巾,绣满了翠绿色的花纹。背上的羽毛像浅绿色的外衣。腹部的羽毛像赤褐色的衬衫。”学生学这段文字时,对“橄榄色、翠绿色、浅绿色、赤褐色”这几种颜色似懂非懂,也易把各个部位的颜色混在一起。针对这种情况,要使学生弄清各部位的颜色是怎样的,借助做画一目了然。

我让学生打开电脑中的画板功能,引导学生找出这几种颜色,先在翠鸟头上画上橄榄色,点缀上翠绿色的花纹,再在背上画上浅绿色,最后在腹部画上赤褐色,一会儿,一只色彩鲜艳活泼可爱的翠鸟就呈现在大家眼前。我还利用计算机网络进行及时的教学反馈,让学生浏览到全班同学的作品。这样,通过学生自己动手做图,既提高了学生主动学习的兴趣,又使学生对翠鸟身体各部分的颜色一目了然,印象深刻。

【典型案例2】

数学"长方体的认识"

一位教师在教"长方体的认识"时,出示长方体实物,"你们知道它叫什么名字吗?请你说说对它了解多少?你能把它通过《几何画板》试着画出来吗?"(学生试画,教师巡视,过了一段时间学生的电脑中已出现一幅长方体图)师:你还想知道有关它的知识吗?请你们找找、看看、想想长方体的顶点、棱长、面的特点,棱长与棱长及面与面之间的关系。学生边讨论边在自己的电脑上操作。学生通过数一数、比一比、移一移,得到了以下结论:长方体有8个顶点、12条棱、6个面;12条棱分为3组,相对的4条棱长度相等;相对面的面积相等。师:如果长方体的左右两个面是正方形,这个长方体的6个面又有什么特点?学生提出各种猜测,并通过在电脑上操作加以证实:长方体的上、下、前、后4个面的面积相等,左、右面的面积相等。

【方法点化】

电脑演示,让不清楚的东西变清楚。

教材上的知识,都是以静态形式呈现的。只有把这些静态的知识动态化,即由静而动,呈现知识形成的全过程,才能打破学生平静的思维状态,激发其思维转向活跃。这时候,信息技术就为学生的主动参与发现、学习提供了很好的环境。《几何画板》就是基于学生、教师互动学习的教学软件。

【典型案例3】

语文《小露珠》①

在执教《小露珠》一课时,为了让学生目睹小露珠富于生命活力的美,为了让他们感受闪亮、透明、圆润等特点,我从网上搜集了大量的露珠图片加以展示,又播放了某知名导演拍摄的一段露珠影像。在和谐悦耳的音乐背景下欣赏,真是精美绝伦,亦幻亦真。再看学生的反应,有的瞠目结舌做惊讶状,有的交头接耳做交流状,有的齐声惊叹做感慨状……我内心不禁窃喜,这重点、难点突破得如此轻松,哪还用费时费力去反复诵读、深入剖析语言文字呢?课后,专家点评,淡淡地说了一句:"你想让学生学什么?"

---

① 江苏泰州市泰东实验学校 王旭峰

学什么这是语文学习最本质的问题。我在设计教学时竟没有深入考虑,而是一门心思搜集课件素材。从表面看,教学的目的好像达到了,即让学生深刻体会到露珠的美丽,但却只是用欣赏课件取代了语言文字的品味、赏析、感悟,就如登山一样,坐观光缆车到达峰顶,没有自己经过攀爬的印象来得深刻。

【问题点击】

电脑演示,代替了学生的体验

如果设计语文教学时不是优先考虑学习主体——富有灵性的学生和承载人文内涵的文本,而是首先考虑信息技术的运用,教学就会本末倒置,被信息技术牵着鼻子走,不知不觉地陷入"非语文现象"挤占语文学习活动的怪圈。

【典型案例4】

语文《天鹅的故事》

课文《天鹅的故事》有段描写一群天鹅在老天鹅的带领下撞击冰面的场景,这部分是文章的高潮部分。

A教师是这样教学的——

教师用多媒体演示了天鹅扑打冰面的整个过程,老天鹅怎样带的头,其他天鹅又是如何紧跟而上,把撞破冰面的过程通过flash动画演绎得完备详尽。学生们有了充分的直观感知后,再去阅读文本,亲近文字。

B教师是这样教学的——

教师紧紧抓住老天鹅这一形象展开教学,以画外音的方式连问了"老天鹅"几个问题,让学生作答:

"老天鹅啊老天鹅,难道你就没有看到冰面上那片片白羽、斑斑血迹?凭你柔弱的身躯怎能撞开这厚厚的冰层?"

"老天鹅啊老天鹅,你像石头似的扑打冰面,难道真是钢铁之躯,就不怕那钻心的疼痛、刺骨的寒冷吗?"

"老天鹅啊老天鹅,以你的声望,完全可以命令年轻天鹅行动,何苦要忍受这般苦痛?"

【问题点击】

电脑演示,代替了学生的想象

同样要达到理解课文的目的,前一位教师搬出了现代化教学手段,用直观的画面取代了学生对文本的理解和想象，而后一位教师充当了一回灵魂的拷问者，在特定的语境里，让学生说出老天鹅的心声。从理解文本的深度而言，一个是依靠画面的直观再现，一个是依靠语言的交流碰撞，产生的效果不能同日而语，在第二位老师的课堂里，学生头脑中建构的老天鹅形象远比前者美丽高贵。

比较用语

▶"下面先看实物（体态……）演示，再看电脑演示。"

【典型案例1】

地理"地球上的经纬网"

在教学"地球上的经纬网"时，原先设计了这样的演示活动：即用人身体各部位来表现地球上经度的划分，如将身体中线比作本初子午线，左臂部分为西经，右臂为东经，双手呈环抱状，手指接触处就为180°经线。

这时有学生提议：可以把左肩比作20°W，右手腕为160°E，这样就能看出东西经度的划分与东西半球的划分的区别了。还有学生提出：可将人的腰部比作赤道，膝盖是南回归线，胸部是北回归线，脚和头分别就是南极和北极。同学们丰富的想象让师生都很兴奋，往常的教学难点在轻松愉快的演示游戏中解决了。

【方法点化】

体态演示——学生的模特表演。

【典型案例2】

语文《夕阳真美》①

两位老师执教了《夕阳真美》（苏教版二年级下册）这一课，对"太阳慢慢地往

① 江苏高邮实验小学　吴秀芳

下沉”这句话进行朗读指导。由于指导方式的不同，收到的效果也明显不一样。

A老师是这样教学的——

师（出示句子：太阳慢慢地往下沉）：谁来读一读？（第一个学生大声地朗读句子）

师（在“慢慢地”三个字下面加“·”）：谁再来读一读？（第二个学生再读句子，读得比第一位同学慢）

师：再慢一些。（第三个学生读句子，读的语速更慢）

师：读得不错。怎样把这句话读得更有感情呢？同桌讨论一下。

生1：“太阳”要读得重一些。

生2：“慢慢地”要读得轻一些。

生3：“沉”也要读得重一些。

师（在句子上加上朗读符号）：谁来试一试？（又一个学生读句子，有轻有重，抑扬顿挫）

师：真棒！我们都像他这样读一读。（学生齐读句子）

B老师是这样教学的——

师（出示句子：太阳慢慢地往下沉）：谁来读一读？（第一个学生平淡地读句子）

师（在“沉”字下面加“·”）：“沉”可以换成什么字？

生：可以换成“落”，太阳慢慢地往下落。

师：生活中我们确实这样说，小作者为什么用“沉”不用“落”？是他用错了吗？（学生沉默）

师（拿出一块圆形的红棉布，一个装满水的透明玻璃杯）：如果这是夕阳，我们先看看它“落”下来的情景。（教师松开手指，“太阳”落在了讲台上）我们再来看看“沉”是一幅怎样的情景。（教师把“太阳”放入水杯里，“太阳”晃晃悠悠地慢慢下沉）

生（迫不及待）：因为有水，“沉”比“落”更慢，还有些晃动的感觉。

师：说得真好，小作者这个“沉”字用得太生动了。想想刚才“太阳”沉下去的情景，再来读读这句话。（生声情并茂地朗读）

【方法点化】

实物演示——学生的美好回忆。

A老师的教学，侧重于朗读技巧的指导，抓住了“慢慢地”这个词，提示学生读慢些、再慢些，疏忽了让学生真切地感受、体验、理解。长期如此，导致学生固定的朗读模式：遇到“快”字就快读，遇到“慢”字就慢读……再加上简单的轻重变化。这样千篇一律地朗读每一段文字、每一篇文章，学生无法深入理解课文，始终游离于文本之外。

B老师教学，以“沉”字为切入点，先进行换字练习，让学生对“沉”字有初步认识，再通过简单的演示，把抽象的文字变为生动的画面，学生在观察中感受、比较物体的位移中体会作者用词的准确性。更可喜的是鲜活的感受自觉地外化为动情的朗读，无需教师再费口舌，真可谓情到深处无技巧。

【典型案例3】

数学“三角形的认识”①

多位教师上苏教版四年级“三角形的认识”一课，学生在探究“两边之和等于第三边时能否围成三角形”时出现了争议。

小组活动：从10cm、6cm、5cm、4cm的小棒中任意选三根，能围成一个三角形吗？先围一围，再在小组里交流。之后，全班交流。

生：……选10cm、6cm、4cm的小棒不能围成三角形。

生：可以的，我们刚才就搭出来的。

“是呀，我们也搭出来的。”“不对，搭不出来的。”下面的学生议论纷纷，教学陷入矛盾与尴尬之中。

A老师是这样教学的——

师：有理不在声高，谁愿意再上来搭一搭。

一个学生自告奋勇地在实物展示台上操作。只见他把最长的一根小棒水平放置，两根短的小棒放在它的两端，然后小心翼翼地往下压。也许是操作台的表面太滑，也许是小棒太容易滚动，费尽周折，该生终于搭出了一个“三角形”。

师（**指着学生的作品**）：首尾都接住了吗？没有，还能往下压。（**边说边把上面两根小棒压到底**）

学生一脸疑惑。

师（**有点着急**）：你们可以想象一下，上面两根短的加起来是10cm，和下面的一样长，如果要首尾相连的话，它们肯定会重合在一起。

听着老师的解释，有的学生若有所思，有的学生仍然满脸疑惑。

---

① 江苏常熟市实验小学　范志萍

B老师是这样教学的——

师：刚才，老师听到了两种不同的声音，到底哪种结果才是正确的呢？让我们一起来看看电脑的演示。(电脑动态演示出小棒慢慢围拢，最后重合的过程)

师：看清楚了吗？那刚才为什么有的同学好像搭出了一个三角形呢？那是因为小棒比较粗，在围的过程中存在着“误差”，实际上是围不成三角形的。

老师的“误差说”似乎并没有扭转学生认识上的“偏差”，不少学生依旧在下面小声嘀咕。

C老师是这样教学的——

正当学生议论纷纷之际，一个学生的小动作引起了C老师的注意。只见他正专心致志地用一根吸管(这是上个环节“做”三角形时的材料之一)折一个三角形。这一“细节”成了C老师课堂上有效的教学资源。

师：同学们，用小棒围三角形时要注意什么？

生：首尾相连。

师：没错，而做到这一点又比较困难。(不少学生表示赞同)

出示刚才那个学生玩的吸管，折成这样的形状：

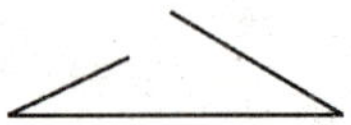

师：猜猜看，能围成一个三角形吗？

学生一致要求老师把上面两根短的往下压，根据学生的“指示”，教师慢慢操作，如右图：

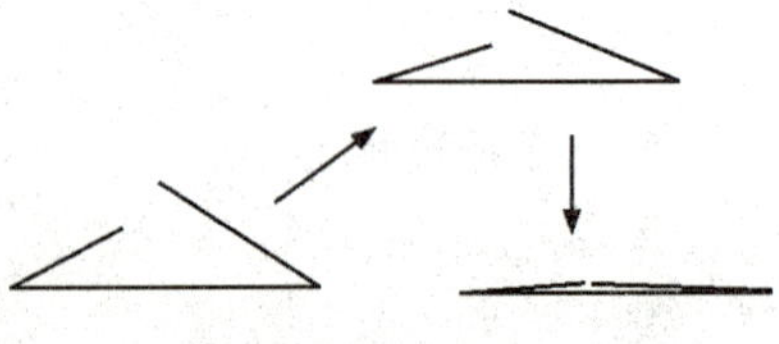

师(笑着问)：这是一个三角形吗？

生：不是。

师：让我们再从电脑上看看刚才围的过程。(电脑动态演示两根小棒慢慢围拢，最后重合的过程)现在你有什么想说的？

生：如果两条短边的长度加起来比第三条边短或者和第三条边一样长，都不能围成一个三角形。

生：我知道这样为什么围不成三角形了。两点间线段最短，三角形上面那两条线段加起来肯定比下面这一条要长。(联系以前学过的知识来解释)

生：对，要想围成一个三角形，必须第一条边的长度加第二条边的长度大于第三条边。

生：应该是两条短边(把短边加重了语气)的和大于第三条边才能围成一个三角形。

师：说的真好。那为什么刚才有人用10cm、6cm、4cm的小棒也围出了三角形呢？谁愿意把你的“作品”贡献出来供我们比较比较。

（吸管折的）

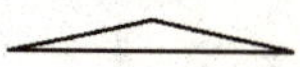
（小棒搭的）

生：吸管折的时候接头处是连住的，而小棒搭时看上去搭住了，实际上没连住。

师：也就是说，用小棒搭的时候有可能存在着“误差”呀。

【方法点化】

联合演示——学生的深刻理解。

案例中，A老师表面上给了学生“自由”，让学生自己操作，发现问题尝试解决，可一旦偏离预设的轨道，教师就马上“拨乱反正”，以自己的操作取代学生的操作，以自己的知识代替学生的感悟，虽然费尽口舌，却并没有打动学生的心。B老师则不敢完全放手，不管课堂上展现何种“风景”，“通道”却只有一条——用电脑的演示代替学生的体验，苍白无力的解释只能让学生知其然却不知其所以然。与此相反，C老师努力引导学生经历真实的探究过程，在交流、争辩、调适、反思的过程中主动建构知识。正因为学生在学习过程中形成了丰富的体验，所以在交流自己的体会时认识更加深刻，表述更加严谨。

课堂点睛

▶“传统媒体”VS“现代媒体”

对白

【话题1】：手工操作→电脑操作

∵电脑课件：“绘声绘色”→容易吸引学生眼球；

“栩栩如生”→容易触动学生思维；

“因材施教”→容易照顾学生差异。

∴“想说爱你不商量”→积极使用多媒体教学。

【话题 2】：电脑主宰→人脑主事

∵电脑课件：环节容易"一闪而过"→缺乏延时性；

程序容易"一成不变"→缺乏灵活性；

内容容易"一家之言"→缺乏思辨性；

代价容易"一掷千金"→缺乏普遍性。

∴"想说爱你要商量"→谨慎使用多媒体教学。

【话题 3】：形体首选→形象候选

∵著名京剧表演艺术家叶少兰讲故事：有人问武生泰斗盖叫天，为什么他演戏时不布景？盖叫天说："景全在我身上。"叶少兰解释说："通过盖叫天的虚拟表演，人们就能看到山、水、风、雪；通过他的眼神，人们看到了风有多大、浪有多高！而这些，如果都用布景表现，则韵味全无。"

巧用课件，创设情境，调动学习兴趣；

巧用课件，化静为动，突破教学难点；

巧用课件，扩充内容，拓宽教育资源；

巧用课件，节约时间，提高教学效率。

……

∴"想说爱你好商量"→巧妙使用多媒体教学。

喻言

"自动"还需"自"动

现代社会，一切进入了电气化时代，与原来的"人工"社会有着天壤之别。我家的洗衣机，也由机械控制的半自动洗衣机"进步"为电脑控制的全自动洗衣机。

顾名思义，"全自动洗衣机"代表着无需再手工洗衣。然而，家妻却在每次把脏衣服放入洗衣机前，都要先手工洗一下。其理由让我颇感意外："洗衣机尽管全自动，却无法照顾到我们每个人衣服的清洗程度，例如不同的衣服质地、不同的洗衣粉分量、不同的清洗时间。而我事先的人工处理却能'体贴'到这些，再用洗衣机才能达到最好的清洗效果。"

精点

先进的未必先进，有用的才为有用。

创新提示

▶电脑辅助学习汉字法

电脑辅助学习汉字法又叫“拼音、汉字同步教学及电脑辅助”教学法，由上海市实验学校首先进行实验。实验的目的是解决学生一入学就面对大量枯燥乏味的拼音而降低了学习语文积极性的问题；解决由于汉字音形不一、笔画重复而易使学生写错别字的问题。其具体做法是使学生入学第一天就与计算机接触，把拼音学习和汉字直接挂钩，结合电脑操作，同时为学生提供文字、声音、图像等信息，适应了儿童的心理，而且学习字母时，还配有26种手势，通过手语和电脑操作，使学生手脑并用；学生使用双拼打字、遣词造句、作文，由于打出的字是正确的汉字，因此可以减少学生错字现象，从而使电脑真正起到辅助识字教学的作用。

其效果是一年级的新生入学两个月就能认1000个汉字；进校一个半月后就能在电脑中输入600多个汉字，写近百句话；许多同学还能流畅地读《365夜》故事书；一年级下学期的学生已能在电脑中创作出图文并茂的《童话集》了。

但是，教师应该克服以下不足之处：(1)由于长期和电脑打交道，开口诵读字的机会少，师生交流的机会也少，因此不利于学生口头语言的发展；(2)由于经常在电脑上打字，手写字的机会大大减少，这样不利于学生掌握汉字的笔顺和间架结构，也不利于学生正确领略我国汉字的书法艺术。

新课程教师流行用语五

流行用语

►“你可以用小棒（圆片……）摆一摆吗？”

【典型案例 1】

数学“质数与合数”①

摆一摆：指导学生用小圆片分别摆成点、直线或长方形（正方形）等图形，表示 1、5、9、11、12 等数。

1: ○

5: ○○○○○

9. ○○○○○○○○○

○○○
○○○
○○○

11: ○○○○○○○○○○○

12: ○○○○○○○○○○○○

○○○○○○
○○○○○○

○○○○
○○○○
○○○○

比一比：观察所摆图形，什么数只能摆成一点？哪些数只能摆成一条直线？

① 浙江绍兴　王学富

哪些数除了摆成直线外，还能摆成长(正)方形？学生经过比较，很快将五个数分成三类：只能摆成一点的：1；只能摆成一条直线的：5、11；除了摆成一条直线外，还能摆成长(正)方形的：9、12。

想一想：为什么用1个图片只能摆成一点？5个或11个只能摆成一条直线？而9个或12个可以摆成长(正)方形呢？引导学生找出把每个图形的图片数写成可能的乘法形式，发现这些数的约数个数。

1只能写成1=1×1，即1只有1个约数；5和11只能分别写成5=1×5与11=1×11，即它们都只有1和它本身两个约数；9和12可以分别写成9=1×9=3×3和12=1×12=2×6=3×4，即它们都是除了1和它本身两个约数外还有别的约数。在此基础上，我再向学生揭示出质数与合数的概念。

【方法点化】

摆圆片，实现了数形结合。

教学片段中，由于巧妙地向学生渗透了数与形结合的思想，学生通过摆圆片得到的图形及算图形中的圆片个数的方式联想到数的分解，由数的分解式发现自然数的约数个数，进而得出质数和合数的概念。这样设计的优点在于将静态的数转化成可操作的图形，便于学生从图形中想到数的分解，从而发散学生的思维，培养学生的数感。

【典型案例2】

语文《人有两个宝》

笔者曾听了一节课，教学内容是《人有两个宝》。其中有这样的两句：双手会做工，大脑会思考。老师为了让学生对这两句有真切的休会，设计了这样一个教学环节——

老师说："现在给每桌的小朋友一些各种形状的卡片(这些图片有三角形、长方形、圆形、梯形等)，请你们都动手拼一拼。看看能拼出什么样的图形来。"

于是，学生开始兴致勃勃地拼图。不少学生边拼边讨论，边修改。在学生拼图的过程中，老师进行巡回指导，课堂气氛很热闹。有两个学生甚至为一个黄色的圆卡片发生了争执，原来他们都想用这个卡片来做月亮……

学生拼好后，老师又分别请几名同学把自己的拼图贴在黑板上并介绍……至此，围绕拼图所安排的活动还没有结束。老师又组织其他同学对这些拼图进行评议，不少学生还对别人的拼图提出了修改意见。于是，师生又共同进行了修改。这样的一个教学活动整整花去了10分钟。

【问题点击】

操作活动，偏离了教学目标

案例中，为了引导学生体会动脑又动手的好处，教师组织学生进行的热热闹闹的拼图活动，其目标没有明确指向于语文学习，而是偏向于美术创作了。这是“美术主体”“越位”到语文课堂上了。这种“热闹的活动”失却了语言文字训练的目标，是一种买椟还珠或越俎代庖的行为。

其实，老师可以抓住这两句让学生充分地说说自己的手都会做哪些事情，自己的大脑曾经考虑过哪些问题，然后让学生朗读或者当场背诵课文。这样的主体，才是指向语文学习的主体。

【典型案例3】

数学“平行与相交”

教师引导学生观察两根小棒掉在桌面上形成的图形。反复操作，要求各小组把可能出现的图形都画在作业纸上。

完成后各小组汇报，教师用实物投影仪投影各小组的结果，然后归纳得出下表：

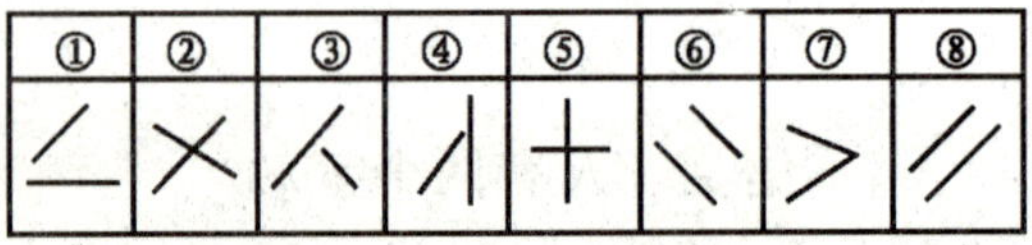

教师将小棒抽象成线段，组织学生探讨以上图形的分类——

生1：①③⑥⑧一类，②④⑤⑦一类。（师询问理由，略。下同）

生2：①③一类，②④⑤⑦一类，⑥⑧一类。

生3：⑥⑧一类，①③一类，②⑤一类，④⑦一类。

师：如果将小棒抽象成直线，又该怎样分？

生1：⑥⑧一类，①②④⑦一类，③⑤一类。

生2：①③一类，②④⑤⑦一类，⑥⑧一类。

生3：①②③④⑤⑦一类，⑥⑧一类。

师：如果按相交和不相交的标准进行分类，怎么分？

但这时已经下课了，原定的“试一试”、“练一练”只好取消了。

【问题点击】

操作活动，降低了教学起点

上述教学片断中，教师用具体的小棒代替抽象的线段和直线，迎合了学生的“生活经验”，对调动学生的积极性无疑是有益和有效的，但是两根小棒随机掉在桌面上出现“平行”的可能性非常小，在操作过程中很难出现。

其实，学生对直线并不陌生，已有一定的生活经验和认知水平。与其浪费这么多的时间和精力去组织探究，不如采用以下方式：请同学们在一张纸上任意画两条直线，探究一下这两条直线的位置关系。这样，既能帮助学生从数学的角度对两条直线的位置关系进行理性思考，又能充分调动学生已有的生活经验和知识储备。

【典型案例 4】

数学“计算 23－7＝16”

教师让学生们通过摆圆片进行计算出 23－7＝16，但却不告诉学生为什么要把 23 中的一个 10 拆开，是因为个位不够减，所以要向十位借 1，结果学生解决这类问题时都在拆圆片、数圆片，好像离开这些圆片时就不知道如何解决这类问题似的。换句话说，这样做的一个自然结果是让学生把教师所提供的模型当成了获得答案的装置，而不是数学思维的载体。

【问题点击】

操作活动，忽视了教学本质

创设一个好的数学活动，提供孩子们理解数学的模型和材料是教学设计中的第一步，但是要让学生“看到”其中所蕴含的数学观念，将外部的动作内化为头脑中的表象，进而内化为头脑中的思考，作为教师不能让这些数学活动只停留在动手操作的层面。当教师只是告诉学生“像我这样做”时，学生只是盲目地跟着教师指出的方向操作，但是在这种看似每一步的操作都很正确的假象掩饰下，甚至会让学习者自身和旁观者都误以为他们似乎已经理解了。

为此，教师要在学生动手操作之后加强对学生数学思维和方法的指导。鼓励儿童进行积极的反思性的学习将是教学设计中非常重要的一个教学策略。我们在课堂上应该经常问这样的问题：“说说你是怎么想的呢”或者“你是根据什么得出这个结论（猜想）的呢”，让学生把他们的思维过程充分地展示出来。

比较用语

►“你需要用小棒(圆片……)摆一摆吗?”

【典型案例1】

数学“10的分与合”

A教师这样组织学生操作——

拿出10个圆片，分成两个部分，左边是1右边是几，左边是2右边是几，左边是3右边是几……看10能分成几和几。学生对从2到9的分与合中就进行的这样的同水平同形式的操作已经厌倦了，所以虽然是与实物的接触也难以唤起操作兴趣。

B教师是这样进行教学的——

学生以4人小组为单位进行圈套比赛，10个目标物体可以分成套中的和没套中的两个部分，套四五次后，根据套得的结果说出10可以分成几和几，将结果记录下来，再整理所得的结果，按一定的顺序排列。教师请同学们思考：如果继续套下去还可能出现哪些情况？由于操作形式新颖有趣，活动中学生兴趣盎然，思维活跃，教学效率很高，而且学生的合作意识、归纳推理的思维能力也得到了培养。

【方法点化】

设计挑战性操作，激活学生思维。

在一些课堂上，尤其是在低年级的课堂上，动手操作似乎成为一种时髦和点缀，教师往往为动手操作而动手操作。我们都知道，学生不是一张白纸，他们已有相当的生活经验和知识积累，其中也包含着数学活动的经验，所以有些内容的教学可以改变操作活动形式、提高操作活动难度或者借助学生原有的经验和知识基础进行。

【典型案例2】

数学"轴对称图形"①

A教师是这样教学的——

师:我们已经知道了什么是轴对称图形,什么是对称轴。现在请同学们判断一下,下图中哪些是轴对称图形?各有几条对称轴?

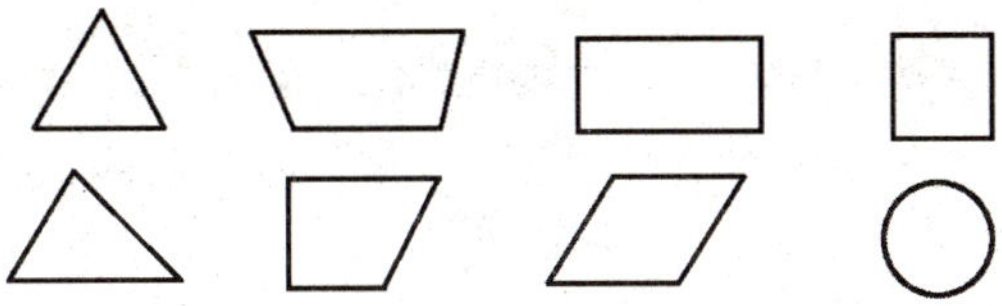

师:请各小组的组长打开信封,拿出里面的图形,每人先动手折一折,再与小组内同学交流一下你的发现。(学生活动)

学生汇报(师要求生边演示边汇报)——

生1:长方形是轴对称图形,我是这样折的,(演示)它有2条对称轴。

生2:正方形也是轴对称图形,我是这样折的,(演示)它有4条对称轴,呈"米"字形。

生3:圆有无数条,不管怎么对折,都重合,所以有无数条对称轴。

生4:平行四边形不是轴对称图形,因为不管怎么折都不重合。(生演示)

B教师是这样教学的——

师:下列图形是不是轴对称图形?请先思考一下,如果不能确定的可以从材料袋中拿出这个图形研究一下。

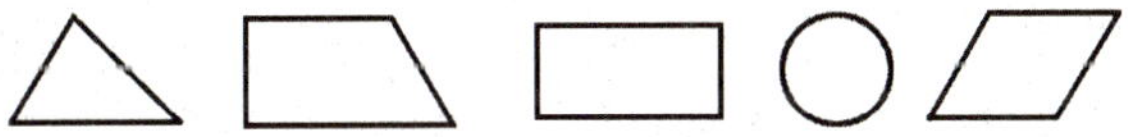

(师话音刚落)生1:长方形一定是轴对称图形,看就看出来了!它有两条对称轴,对称轴在中间,是十字形。

师:想法和生1一样的请举手。(全班全举手)

师:长方形有两条对称轴,那你们猜猜看,正方形有几条对称轴?

生2(抢着说):也有两条对称轴!因为正方形是特殊的长方形。

---

① 江苏省淮安市实验小学　毛文波

师：长方形具有的特点，正方形也有。有道理！

生3：生2说得不对，正方形有四条对称轴，呈“米”字形。不信大家可以折一折。（部分学生动手折，师展示一位同学的作品）

师：实践出真知。

生4：圆也是轴对称图形，它有无数条对称轴。

生5：圆确实是轴对称图形，因为不管你怎么对折，都能完全重合，所以它有无数条对称轴。

师：那其他图形呢？（教室里沉寂下来，有的在沉思，大部分同学在动手折）

生6：平行四边形也是轴对称图形。（有部分同学附和，也有不赞成的声音）

师：平行四边形到底是不是轴对称图形？怎么办？（大部分学生说：动手折一折）

生7：平行四边形不是轴对称图形，不管怎么对折都不重合。（边说边演示）

师：你们同意生7的观点吗？（生齐：同意）

生8：老师，在平行四边形中菱形就是轴对称图形。

师：不简单，你都认识了菱形了。你说的是对的，它是平行四边形中的一个特例。我们不能就此一个特例而断定平行四边形就是轴对称图形。

生9：梯形中有的是轴对称图形，有的不是。我的这个等腰梯形就是轴对称图形，有一条对称轴。这个直角梯形就不是。（举起已被折过的梯形）

师：我们能说梯形是轴对称图形吗？

生10：不能，只有特殊的等腰梯形才是轴对称图形。其他的一般梯形不是轴对称图形。

师：对。不能以偏概全。

生11：三角形中，等腰三角形是轴对称图形，这个有一条对称轴。这是等边三角形，是轴对称图形，它有三条对称轴。（手举不等边三角形）这个三角形就不是轴对称图形。

【方法点化】

设计验证性操作，明晰学生思维。

情感体验比较正面的同学，成功感、乐趣感比较强的同学，在认知参与方面会采用比较高级的认知方法。因此教师在确定使用动手操作这一教学方法之前不妨思考三个问题：要不要操作？学生愿不愿操作？学生如何操作？总之，就是什么是有效的操作。

A 教师把六年级的学生放在同一思维水平上，操作成了全班学生的唯一选择，没有意识到学生的思维是发展的，同时还存在差异。B 教师则充分认识到这一点，其实每个人幼儿时都玩过折纸的游戏，况且在低、中年级学习数学时也折过纸，美术课也有折纸内容，感性的经验相当丰富，有些熟悉的图形学生一眼就能看出，用不着操作。其中一些学生只能猜想的陌生或“复杂”的图形，学生动手折纸，是为了验证自己想法。操作是学生思维下的产物与行为，是学生必需的，不是教师强加给学生的义务。

课堂点睛

“操作活动”VS“思维活动”

对白

【话题 1】：借助操作→具象思维

先做后想	发现性操作	发现式学习
先想后做	验证性操作	验证式学习

∴操作是思维的支柱。

【话题 2】：借助想象→表象思维

实物操作	玩弄于手中	有形的操作活动
表象操作	演绎于脑中	无形的操作活动

∴想象是思维的翅膀。

【话题 3】:借助推理→抽象思维

操作活动	实在的学具→新的知识方法	问题解决是"做"出来的
想象活动	假想的学具→新的知识方法	问题解决是"想"出来的
推理活动	原有的知识→新的知识方法	问题解决是"推"出来的

∴推理是思维的伸展。

喻言

外功与内功

武功有外功与内功。外功是锻炼筋、骨、皮的武功;内功是锻炼身体内部器官的武功或气功。然而,它们之间又是"互炼"的,外形而内动,它们的共同功效是为了强身健体。

学习活动也有外在的操作活动和内在的思维活动。然而,"动手"与"动脑"之间又是"互动"的,"思"而不"动"则空,"动"而不"思"则浅,它们的共同功效是为了增知强智。

精点

眼动不如手动,学问是"做"出来的;手动更需心动,学问也是"想"出来的。

创新提示

▶不一样的材料,不一样的操作

在教学"十几减 9"时,教师一般是组织学生通过操作,以物化形态的活动为起点,逐步引导学生实现算法化。但用什么材料操作,如何组织操作,就得选择。

方法一:教师要求学生先拿出 13 根小棒,再拿掉 9 根。

方法二:教师要求学生先拿出 1 捆小棒(10 根)和 3 根小棒,再拿掉 9 根。

方法三:教师印发给每个学生一个有 10 个方格的盒子图,要求学生在盒子的每个方格中放一个圆片,在盒子外面放 3 个圆片,再拿掉 9 个圆片。

这三种操作方法达到的效果是不一样的。对方法一，学生一般都是一根一根地拿，拿掉9根；对方法二，绝大多数学生采用的是先拿掉3根，再打开一捆后拿掉6根；对方法三，学生的拿法是多样的，有的先拿掉3个，再拿掉6个；有的先从盒子中拿掉9个……同样的操作活动，由于方法三中直观操作的步骤与抽象的算法之间更具有同构性，因此，方法三更接近我们实现算法多样化的期望。

当学生通过操作获得算法的物化操作步骤后，如何引导学生经历数学思考，将算法内化为头脑中的智力操作活动，就又要在方法上加以选择。

方法一：教师让学生演示操作过程后，直接告诉学生“先从盒子里拿出9个，把剩下的1个和3个合起来是4个”，也就是“把13分成10和3，先算10－9＝1，再算1＋3＝4”。

方法二：教师结合学生的动态操作出示静态的图示及抽象的图式：

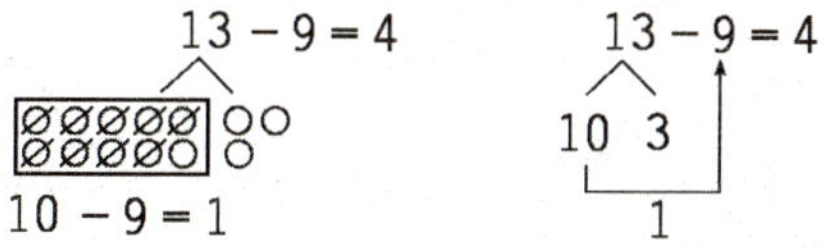

引导学生通过动态操作后的静态观察、分析和反省抽象，直观与抽象结合，内化算法。

显然，方法一，本应由学生自主建构数学模型的过程，被教师替代了，这样的“数学化”是教师强加给学生的，教师用自己的“语言描述”取代了学生的“语言描述”。方法二，学生经历“动作操作——表象操作——符号操作”，经历从实物到算式的“形式化”过程，以及从算式运算返回到实物解释的“寻找意义”过程，主动构建了算法的心理意义。

新课程教师流行用语六

流行用语

▶"这个游戏活动，你觉得有兴趣吗？"

【典型案例1】

英语"Games and Toys"①

这个模块的三个单元中，英语单词较多，而且不易拼读，孩子们学起来非常吃力，"洋教师"随即唱"即兴拍手歌"——

你拍一，我拍一，football我来踢；
你拍二，我拍二，basketball我爱打；
你拍三，我拍三，tabletennis中国棒；
你拍四，我拍四，cycling骑单车；
你拍五，我拍五，swimming是游泳；
你拍六，我拍六，morning exercises做早操；
你拍七，我拍七，teddy bear真可爱；
你拍八，我拍八，skipping rope大家跳；
你拍九，我拍九，jigsaw真神奇；
你拍十，我拍十，我爱games and toys。

---

① 陕西省宝鸡市新建路中学　平磊

孩子们顿时兴致勃勃，纷纷伸着小手，不停地喊：Teach me！ Teach me！Teach me...

【方法点化】

游戏，让学生轻松记忆。

【典型案例 2】

地理“地球的运动”

在教学“地球的运动”时，教师设计了这样一个游戏活动：师生共同模拟地球的公转运动。教师扮演太阳，一名学生上台扮演地球，其他同学认真观察，根据“地球公转示意图”判断“地球”的“公转运动”行为是否正确，并提出改进要求。台上的学生努力地演示着地球的公转运动，台下同学仔细观察并严格评判，不停地提醒“地球”：要注意公转同时还在自转、注意运动的方向（自西向东）、注意身体的姿势（地轴的倾斜角度始终不变）等。扮演“地球”的学生一会儿就满头大汗了，发出感叹“地球可真不容易”。学生在游戏中、在笑声中学习了地球公转运动的知识，牢记了地球公转运动的特点。

【方法点化】

游戏，让学生深刻体验。

【典型案例 3】

数学“同分母分数的加法”

有一次听课，讲“同分母分数的加法”，教师希望在课开始的时候先复习一下以前讲的“分数的比较”，于是便设计了一个游戏，让两个学生到讲台前分别举着两个牌子，上面分别写着一个分数，再请一个同学拿着一个“不等号”的牌子，上前来判断，不等号的箭头应该朝向哪个同学，然后举起来，让全班判断他是否举对。这样玩了几次，复习结束，准备开始新课，可是上课的时间已经花去了 8 分钟，而且学生兴趣还很高，都想再上讲台前来玩一玩，完全没有想学习新内容的意思。

【问题点击】

游戏活动的随意插入，让学生意犹未尽

数学内容要有趣，并不意味着每节课中都要设计游戏。特别是课刚开始的前15分钟,可以说是教学的黄金时间,这时学生的注意力最集中,但如果让学生陶醉在游戏本身的趣味当中,且花费不少操作的时间,就事倍功半了。而且有些教师把游戏设计得很复杂,教师要花不少时间来讲解游戏规则,学生也要花不少时间来理解游戏规则,结果数学问题反倒成为不重要了,学生把注意力都集中在游戏的规则如何,以及如何赢得游戏的胜利上。

【典型案例4】

英语"I want a sweater, please"

某小学英语优质课比赛中有一节课"I want a sweater,please",语言知识点是:

——Can I help you?

——Yes,I want a... please. How much is it?

——It's... yuan.

某教师设计了"For Hope School"——为希望学校义卖活动,要求学生用所学语言进行交际,买卖物品,并将所赚到的"钱"投进一个类似篮球筐的箱子里。偌大的教室霎时变成了一个热闹非凡的跳蚤市场,学生们频繁穿梭于各个"摊点",看货、挑货、买货、讨价、争论……根本来不及用英语交谈,"交易"就迅速完成,而后又迫不及待地以跳跃投篮的方式将"钱"投入箱子,一次投不进再来第二次……课堂不时传出阵阵哄笑声。

【问题点击】

游戏活动的热闹花哨,让学生视线转移

【典型案例5】

语文"大海"

这是一节低年级的识字课,学习的是关于"大海"的词串"沙滩、脚丫、贝壳……"学生一开始学得蛮认真。教师在出示了词语后,让学生一会儿画画,一会儿到"海滩"上"表演拾贝壳",一会儿唱歌。频繁的活动之后,教师布置说话要求,学生却安静不下来,老师责怪:"怎么又不专心了?"

【问题点击】

游戏活动的频繁变化,让学生注意分散

心理学家告诉我们:“专心是一个复杂的精神过程。分心后重新集中注意力需要15分钟时间。”像上述案例中频繁变化的活动就严重影响了学生的倾听,学生的不专心是教师的责任。有位教育家曾指出:“注意是学习的窗户,没有它,知识的阳光就照射不进来。”所以我们在教学设计时,首先要注意保持教学情境的相对稳定,其次要帮助学生调整情绪,让学生“心静”。

比较用语

►“这个游戏活动,你觉得有意义吗?”

【典型案例1】

数学“轴对称图形”①

课一开始,就做一个游戏,教师拿出2架纸飞机。

师:谁愿意和老师比赛扔纸飞机?看谁扔得又高又稳,持续的时间最长?

生1:我最会玩了,我和你比。(学生输了)

生2:我能赢你。我来!(学生又输了)

第三个学生仍然输了。

学生傻眼了,细心聪明的孩子开始寻找原因了。

生:老师,比赛不公平!

师:为什么不公平?

生(抢着说):我们的飞机两边的翅膀大小不一样,形状也不一样,你的飞机两边的翅膀是一样的。

师:你怎样验证我的飞机两边的翅膀是一样的?

---

① 广东深圳市福田景龙小学　邹本莉

生(迅速跑上讲台，折叠飞机)：沿中间对折，折后再看看两个翅膀是否一样大。

师：像飞机这样，对折后两边的翅膀一模一样的图形，叫做“轴对称图形”，他折的中间这个印痕叫“对称轴”。

【方法点化】

游戏活动，让学生发现知识。

【典型案例 2】

英语单词记忆

教师把新单词卡片及图片放在一个信封里，请一组小朋友传递，教师告诉第一个人这个单词的读音，这样，每个小朋友必须清楚模仿发音并记住，然后告诉下一个人。中间如果有一个人出错，就会导致最终结果的错误，这是听觉学习的强化。到最后一个小朋友的时候，他(她)被要求大声说出自己听到的答案并拆开信封，图片和单词卡片在全体同学注意力最集中、最急切想要知道结果的时候出现，视觉强化了学生对新单词的理解和记忆。这个教学设计着力调动学生的视觉和听觉，通过个人责任意识提高学生注意力，促进学生发挥自己的认知和记忆能力。

【方法点化】

游戏活动，让学生全神贯注。

【典型案例 3】

语文识字[①]

师：孩子们，我们的汉字读音美妙、意蕴丰富，今大我们就用念儿歌的方式米认识我们的汉字(幻灯出示“尚”字)。

“尚加巾字读作常，锻炼身体要经常。”我一边念，一边打出“巾”字。孩子们一下子来了兴趣。

“尚加衣字读作裳，我们都有新衣裳。”我又打出“衣”字。

“尚加反文读作敞，我们的教室真宽敞。”

---

① 浙江省永嘉大若岩舟梧小学　杨建鹏

"我、我……"孩子们开始迫不及待地举起了他们的小手。

师:好,今天我们的"引路小蜜蜂"是"身"字。(我打出了"身"字)

不一会儿,小手就林立了,孩子们一个个争先恐后。

生:身加弓字读作躬,见了师长鞠一躬。

生:身加尚字读作躺,躺在摇篮好舒坦。

生:身加朵字读作躲,天下大雨,小燕子喜欢借我家的屋檐躲一躲。

生:身加寸字读作射,射击游戏让我们乐呵呵。

……

孩子们你一言我一语,抢着说着自己编的儿歌。瞧他们的热情,别提有多高涨了,我真没想到效果会这样好。在测试中,几乎每个同学都能正确区分这几个"身字族"的字,而且书写也不困难。

【方法点化】

游戏活动,让学生浮想联翩。

课堂点睛

▶"关注趣味"VS"关注意义"

对白

【话题1】:枯燥学习→快乐学习

培根说:"知识是一种快乐,而快乐则是知识的萌芽。"

林语堂说:"学校应如同一片森林,学生犹如猴子一般在其间自由跳跃,任意摘吃各种营养丰富的坚果。"

泰戈尔说:"不是锤的打击,而是水的载歌载舞,才使鹅卵石臻于完美的。"

∴教师要敢于把游戏引进课堂,把知识融合在游戏中,使孩子在游戏中掌握知识。

【话题2】:外部动机→内部动机

心理学:把动机根据动机的动力来源分为内部动机和外部动机。

内部动机:又称内部动机作用,指人们对活动本身的兴趣所引起的动机。动机的满足在活动之内,不在活动之外。例如,完全出于对学习任务本身感兴趣(认知内驱力)而努力学习。

外部动机:又称外部动机作用,指人们由外部诱因所引起的动机。动机的满足不在活动之内,而在活动之外。例如,觉得游戏有趣、好玩而产生想去参与的愿望等等。外部动机的满足往往导致有机体更多的心理压力。

从发展角度来看:学龄儿童早期阶段的外部动机对学习具有重要作用,但随着年龄的增长,内部动机逐渐发展起来。

∴教师应有意识地逐渐把学生动机从外部引至内部。

【话题3】:学习游戏→游戏学习

教育家克鲁普斯卡娅说:"对孩子来说,游戏是学习,游戏是劳动,游戏是重要的教育形式。"

从这个意义上讲,教学本身就是一种认真、严肃的游戏。

∴游戏是一种学习活动,更应是一种游戏精神。或者说,学习活动就是一种游戏学习,"玩中学,学中玩"是游戏学习的最高境界——让学生踏着心灵的节奏起舞,迎着思想的阳光跳跃。

喻言

"游戏人生"与《戏说乾隆》

"游戏人生",不同的人或许有不同的解读:一种人把"游戏"看作谓语,把"游戏人生"理解成"生活只为了游戏取乐"。这里,"游戏"成了生活的目的。这种人生态度,追求的是"游戏人生"时外在的游戏趣味,可能会埋没对人生意义的正确认识;另一种人把"游戏"看作定语,把"游戏人生"理解成"游戏只为了快乐生活"。这里,"游戏"仅是生活的手段。这种人生态度,追求的是"游戏人生"时内在的人生意义,相对会摆正对游戏趣味的正确地位。

当年,电视连续剧《戏说乾隆》的热播,正是"戏说"使其不断升温,让它拥有众多的"发烧友"。但是,有理智的观众不会仅仅感受到它表面的"热度",而会在"热身"后,清醒而又冷静地探求和挖掘它蕴含的教育意义。

精点

“赏心悦目”的真正价值在于:“悦目”仅属外感,“赏心”才是内效!

创新提示

▶“一只脚游戏”①

附近一所中学的一位高三女学生跳湖自杀,此事在我们学校引起很大的反响。我教的这帮五年级孩子也耳闻了这件事,他们私下里谈论着,但大家似乎很茫然,这样一个悲剧并没有对他们有什么触动。这引起了我的思考。

恰逢学习《理想的风筝》(人教版第十册)一课,文中的刘老师身患残疾,仍然那么热情地为孩子们上课,那么尽情地放自己喜欢的风筝。课文学完,照例还有半节课的练习时间,我改变了常规的上课方式。

“孩子们,剩下的十几分钟,我们到外面做游戏,玩什么都可以。”孩子们惊喜地瞪大了眼睛。“不过,老师有个条件——每个人只能用一条腿着地,不能犯规。好啦,尽情地玩吧。”

“哇!”孩子们兴奋极了,纷纷蜷起一条腿,蹦跳着出了教室。玩,是孩子的天性;而用一条腿走路,玩他们喜欢的游戏,更给他们增添了新奇,孩子们简直玩疯了。不断有人跌倒,引来更多笑声,还有的偷偷换腿,更有几个已经累得坐在地上了……

还有两分钟下课,我招呼孩子们进教室。

“玩得怎么样?谈谈你们的感受。”

“很好玩,就是太累。”

“可惜是一条腿走路,玩不痛快。”

“要是让你天天一条腿走路、做事呢?”我问。

“和课文中的刘老师一样?”几个聪明鬼似乎明白点什么了。

“对,现在请你再谈谈对刘老师的看法。”我不动声色。

---

① 山东省高密市第一实验小学　郭秀娟

“刘老师真不简单，放风筝对他来说太难了。”

“他不怕瘸腿的困难，像正常人一样生活，真了不起。”

“他生活得很快乐，说明他根本没把自己残疾的事放在心上。”孩子们越说越深刻了。可这，还不是我的最终目的。

“那么，他关注的是什么？”我仍旧不动声色。

“是他自己喜欢做的事情，所以瘸腿对他来说就不可怕了。”看来大家都同意这个孩子的话，所以都点着头。火候差不多了，该是我总结的时候了。

“对，如果一个人总把自己的心思放在遇到的困难上，那他肯定要被困难吓倒。人生的路是很长很长的，我们要做的事情有很多很多，不论是谁，要做好一件事，就必须经历困难和挫折的考验，就像歌里唱的——没有人可以随随便便成功。怎么面对这些困难？这就要看我们的态度了。面对残疾的考验，刘老师选择了勇敢地面对，而那个跳湖自杀的姐姐选择了放弃，你认为她做得对吗？”

我特意用了“姐姐”这个称呼，因为我想让他们知道，生命是不可以随意漠视的。

“那位姐姐这样做，说明她没有经受住困难的考验。”

“那位姐姐肯定没想到活着的快乐。”

……

“大家说得很好！”我面色凝重，“生命不光是自己的，还是爸爸妈妈、爷爷奶奶的，是老师、同学的——是所有因为有你而快乐的人的，所以谁也没有权利轻易放弃生命。困难是暂时的，和尊贵的生命比起来，无论什么样的困难和挫折都是微不足道的……”

孩子们一个个神情肃穆。

新课程教师流行用语七

流行用语

▶"通过自己的探究,你明白知识是怎么来的吗?"

【典型案例1】

数学"生活中的负数"

"生活中的负数"教学中为了帮助学生建立对"负数"的理解,教师设计了让学生自主探究用符号来表达的活动:"用自己喜欢的方式记录下面各条信息。"

a. 小红的妈妈在减肥,九月份减掉4千克,十月份反弹了2千克;

b. 蓝猫商店九月份盈利5万元,十月份亏损1万元。

学生给出了各种不同的表达形式:

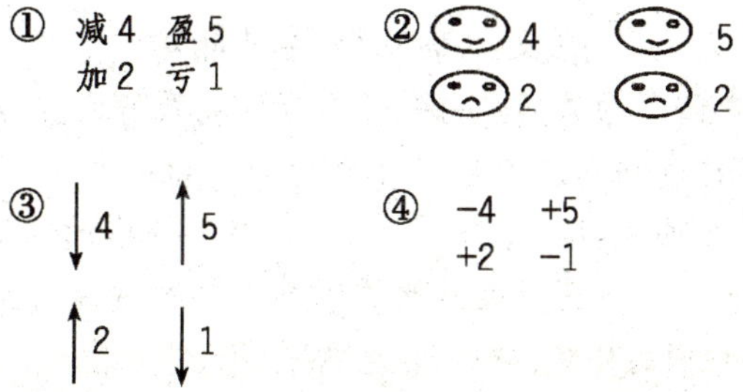

【方法点化】

各尽所能，让学生探究问题解决的多种路径。

【典型案例 2】

语文《天游峰的扫路人》

在第一课时，教师让学生阅读文本后质疑，根据学生的质疑教师归纳出两个问题：一是老人到底累不累？二是老人能活到一百岁吗？下面，就这两个问题进行探究讨论。

师：现在我们接下来讨论“老人能活到一百岁吗”。（生阅读文本，圈画）

生 1：我觉得作者是祝老人能活到一百岁。

生 2：作者相信老人能活到一百岁，老人也自信能活到一百岁。

生 3：作者问老人有六十岁了吗？老人伸出了七个指头，说明老人看上去显得很年轻。我觉得不仅是老人自信，我们也相信老人肯定能活到一百岁。

师追问：为什么你们也相信老人能活到一百岁呢？

生 1：因为老人的生活环境好，而且每天都锻炼。

生 2：老人很乐观。

生 3：他吃的是自己种的五谷杂粮，没有污染。

生 4：美丽的风景陶冶了他的心情，他的心里很乐观。

生 5：他始终保持着良好的心态，对世界充满着热情。

【方法点化】

生本对话，让学生探究说法来源的前因后果。

【典型案例 3】

语文《秦始皇兵马俑》

有位教师上《秦始皇兵马俑》一课，让学生探究兵俑的神态，结果学生由文本内容产生了各种各样的联想。但后来让学生看投影描写一个兵俑时，他们却不知从何下手。是探究性学习错了吗？不是，关键是课中的探究只让学生关注了文章内容，而忽略了对作者语言表达形式和构成规律的探讨。细读课文，作者描绘兵俑的句子是由兵俑的外貌、神态、自己的联想三部分构成的。如果教师设计的探究过程兼顾了这一语言规律的发现，学生用自己的语言描绘时就会更得心应手。

【问题点击】

探究的目的仅仅为了显现内容

与科学课程不同,语文学科的探究性学习还要关注情感体验。语文教学的探究性学习不是推理性的,而应该是体验性的。语文课不应该让学生进行推理,而是应该引导学生进行情感体验。课文都是理智和情感的结合,所以,理解课文也一定要情感与思维相结合,这是语文教学的一条基本规律。

探究性学习使板块功能更突出,那么文本的内在脉络还要不要理出来?现在的语文课强调探究性学习,强调读中感悟,但往往忽略了对文章结构、行文线索的领会,学生在课堂上往往是“只见树木、不见森林”。长久下去,学生写起文章来势必会结构不清、思路模糊。因此,语文学科中的探究性学习还要“把根留住”。

【典型案例 4】

数学“两位数减两位数(退位)”

在教学“两位数减两位数(退位)”时,学生看图列出 60—35 的算式后,教师先要求学生用小棒摆一摆,看看得数等于多少。学生先动手摆小棒,然后教师与学生合作演示:先摆出 6 捆小棒,再从中拿去 3 捆,然后在剩下的小棒中解开一捆,再从中拿去 5 根,这时还剩下 25 根。之后,教师提示学生还可以在计数器上拨珠计算,学生通过操作也得到 25。

这时,教师要求学生用竖式计算。因为通过操作得到了结果,所以多数学生并没有计算,直接在竖式上写下了 25。但随后在用竖式计算 63—35 时,有一半学生的结果等于 32,还有一些学生不知道怎么计算。

【问题点击】

探究的目的仅仅为了找到结果

在教学计算时,教师通常是先让学生动手操作,以明白算理,掌握计算方法。但是有的教师不知道操作的目的和作用,误认为操作就是为了找到得数,因此不能把操作过程有效地上升为计算的算理。

就拿 60—35 的操作来说,有两种用小棒进行操作的方法:一种是先对整捆小棒进行操作(先减十位),后对单根小棒进行操作(再减个位),得出结果;另一种是先对单根小棒进行操作(先减个位)，后对整捆小棒进行操作(再减十位)。这两种操作方法都能得出60—35的结果，似乎没有优劣之分。但是从能否为竖式计算提供表象支持的角度来看，这两种方法就有区别了。在竖式计算时，如果先减十位再减个位，那么十位上的差就要涂改；而先减个位再减十位就可以避免这个问题，所以数学上才规定“从个位减起”。由上面的分析可以看出，操作的真正目的不在于找到得数，而要在操作的基础上把学生的思维不断引向深入，完成从形象思维到抽象思维的提升。

【典型案例5】

数学“圆的面积”

一位教师在教学“圆的面积”时，首先组织学生以小组为单位，用学具(将圆形等分成16份的小扇形)进行操作探究。因为学生已具有了推导三角形、梯形面积公式的实践基础，具备了转化的数学思想和方法，加上前期的知识铺垫，所以很多同学拼凑得很快，有的拼成一个近似的长方形，有的拼成一个近似的正方形，有的拼成一个近似的三角形，还有的拼成一个近似的梯形，他们通过对前后两个图形反复观察，仔细比对后，分别找出计算圆面积的方法。紧接着教师组织学生对推导过程、方法、结果(公式)进行交流，之后就进入了练习环节。这期间学生也没有对公式进行分析、理解、记忆。练习时，一道很简单的题目，多数学生在长达五六分钟的时间里仍做不出结果，有的尽管做出了结果，但也出现了方法上的错误。

【问题点击】

探究的目的仅仅为了体验过程

学生在练习环节中之所以解题速度过慢，除了因为学习知识需要一个理解、熟练的过程之外，更主要的原因是学生交流完推导过程后，教师没有引导学生对公式进行理解消化，使基础差的学生解决实际问题时不知道怎样使用公式，就连部分中等生，也因缺少对公式的有效记忆，仍沿着操作探究的思路解题，造成解题速度过慢。可见，引导学生进行探究时，不能因重视探究过程而忽视(或放弃)对探究结果的应用，实际上，应把两者放到同等位置上对待。

【典型案例 6】

数学“认识几分之几的练习”

教师出示实际情境,提出问题:“市民广场有一个圆形花坛,准备种上不同颜色的花。园林工人已经把它平均分成 6 份,你能设计一个比较合理的种花方案吗?”

学生积极思考,设计方案,并用彩笔画出自己的设计方案,然后交流。

生 1:我种了 6 种花,每种花占这个花坛的$\frac{1}{6}$。

生 2:我把它的$\frac{3}{6}$种月季,$\frac{3}{6}$种山茶。

生 3:我用这个花坛的$\frac{3}{6}$种月季,$\frac{1}{6}$种一串红,$\frac{1}{6}$种黄菊,$\frac{1}{6}$种太阳花。

生 4:我是把它的$\frac{2}{6}$种白菊花,$\frac{2}{6}$种黄菊花,$\frac{2}{6}$种紫菊花。

生 5:我把花坛的$\frac{2}{6}$种上太阳花,$\frac{4}{6}$种上幸福花。

【问题点击】

探究的目的仅仅为了结果多样

案例中的“设计花坛”是一道联系生活实际的练习题,它为学生提供了开放的应用空间。学生结合各自的知识经验,创造了很多富有个性的方案,但在交流反馈中,教师只关注设计的方案(其实是结果),只关注学生能否准确地应用分数知识,而忽略了学生在这个过程中是如何思考的,忽略了学生的情感态度和价值取向。

案例中,如果教师这样提问:“你是怎样设计的?为什么这样设计?”问题就具有整合性,不仅关注了学生能否准确地应用分数的知识,更关注学生是如何思考的。这样,学生则可能从“搭配合理”、“对称美”、“考虑季节因素”、“价格实惠”等方面,展现个性化的思考过程,表达对审美观和价值观的初步理解。

比较用语

“结合老师的引导(评讲……)和文本的内容(结构……),通过自己的探究,你能明白知识是怎么来的和怎么用的吗?”

【典型案例1】

数学“角的初步认识”①

一位教师在巩固练习环节组织了一个创造性思维训练——

教师在黑板上板书下面一道题:①4个角减去1个角,还剩几个角?

生:还剩3个角。

接着,教师把上面的题改为:②一张正方形纸4个角,剪去1个角。还剩几个角?

生:还剩3个角。

师:这两道题的计算方法一样吗?结果一样吗?

生(齐声):计算方法一样,结果一样。

师;这两道题真的是完全一样吗?(学生陷入沉思)请同学们认真观察一下,看看它们有哪些地方不同?

生:第②题与第①题比较,第②题有两个地方不同,一个是把“减”字改成了“剪”字,另一个是多了“一张正方形纸”。

师:那么,解答方法还是不是一样呢?

生:我们认为还是用4-1=3来解答。

生:我们认为可以动手剪一剪,看看结果是不是剩下3个角。

生:既然把“减”字改成了“剪”字,而且还多了“一张正方形纸”这一条件,我们猜想可能会有不同的结果,这就要通过剪一剪才能验证。

---

① 福建上杭县教师进修学校　邱廷建

师(几分钟后):谁来汇报你剪的结果怎样?

生:我是沿着正方形纸的对角线剪去1个角,少了1个角,算式是4－1＝3,结果还剩3个角。

生:我不是沿着对角线剪的,而是在相邻两条边上剪去1个角,虽然少了1个角,但又增加了2个角,算式是4－1＋2＝5,结果还剩5个角。

生:我是从正方形一个角的顶点开始沿着对边剪去1个角,虽然少了1个角,但又增加了1个角,算式是4－1＋1＝4,结果还剩4个角。

师:“一张正方形纸4个角,剪去1个角,还剩几个角?”现在大家知道了吗?

生(齐声):知道了,是3个角、5个角、4个角。

【方法点化】

巧设陷阱,让学生深入探究。

【典型案例2】

语文《逆风的蝶》

师:看着在风中艰难飞行的蝴蝶,让我们来劝劝他吧。

生:蝴蝶,请停下来,歇一歇吧!

生:蝴蝶啊,蝴蝶,明天再去吧,先来避避风!

师:蝴蝶是怎么想的呢? 一起来听听他的心声吧。

出示:(1)“那儿有一棵蔷薇,我们去年相约,今天是我和她相会的日子。”(2)“我可不能等,真的不能等,我不能让她失望。”(3)“今年她只为我开放。如果我今天不能和她见面,她就会凋谢。”(4)“在别人看来,她也许是一朵普普通通的花,但对我来说,她是独一无二的。”(5)“我不该呆在帽子里,让您带着我走。我要自己飞到她的身边。即使这大风阻挡我飞到她那儿,我的灵魂也会飞去见她。”

学生各自轻声读,随后老师和个别学生对读,再和全体学生对读——

师:啊,蝴蝶,是谁给了你力量,让你如此坚强?

生齐:“那儿有一棵蔷薇,我们去年相约,今天是我和她相会的日子。”

师:我们到那边的亭子里歇一会儿,等风停了再赶路。

生齐:“我可不能等……我不能让她失望。”

师:为什么? 这次约会这么重要吗?

生齐:“今年她只为我开放……她就会凋谢。”

师：那是怎样高贵的一朵花呢？

生齐："在别人看来……她是独一无二的。"

师：来吧，来吧，快来避避风，刚才多危险啊！

生齐："我不该呆在帽子里……我的灵魂也会飞去见她。"

【方法点化】

巧设角色，让学生有情探究。

【典型案例 3】

数学"圆柱体的体积"①

教学"圆柱体的体积"，一位教师是这样创设情境的——

师（出示盛着水的圆柱体玻璃容器）：你们能求出里边水的体积吗？（生兴趣很高，但一时又说不出答案）

生 1（试探着）：能不能将里边的水倒进长方体玻璃容器中，量出长、宽、高计算体积？

师：是个好办法，那如果这是个橡皮泥呢？体积怎么算？（生一时被问题噎住了）

生 2：橡皮泥不好倒！怎么办？

生 3：橡皮泥不好倒，但可以捏！把圆柱体橡皮捏成长方体，体积就可以求了。

师（追问）：如果是圆柱体铁块呢？大家能求出它的体积吗？铁块不能倒，不能捏，怎么办？

生 4：我认为可以把铁块浸在长方体（或正方体）容器的水中，计算升高的那个长方体的水的体积来解决。

师（又追问）：假若是教学大楼大厅中的圆柱体水泥柱，大家能想办法计算它的体积吗？（此时学生的思维已聚焦到有没有圆柱体积计算更为一般的方法这一问题上，公式的推导成为学生的内在需求）

【方法点化】

巧设障碍，让学生主动探究。

---

① 江苏省宜兴市第二实验小学　杨晓荣

课堂点睛

▶"教学有法"VS"教无定法"

对白

【话题1】:接受教学→探究教学

	优点	缺点
接受教学	省时、坦白、直接	教师:灌输式教学 →学生:机械性学习
探究教学	教师:启发式教学 →学生:发现性学习	耗时、曲折、间接
辩证认识	接受教学 $\xrightarrow{\text{满堂灌}}$ 探究教学 $\xrightarrow{\text{满堂放}}$ 接受教学	

【话题2】:结论教学→过程教学

	优点	缺点
结论教学	缩短探索时间 拉长训练时间	教师:对过程轻描淡写 →学生:对结论死记硬背
过程教学	教师:对过程浓墨重彩 →学生:对结论刻骨铭心	拉长探索时间 缩短训练时间
辩证认识	过程教学 $\xrightarrow{\text{体悟本质}}$ 结论教学 $\xrightarrow{\text{回首往事}}$ 过程教学	

【话题3】：教学有法→教无定法

教法选用的一般标准：

	接受教学	探究教学
	结论教学	过程教学
陈述性知识	☆☆☆	☆
程序性知识	☆	☆☆☆

注意：以上标准并不“标准”，应该具体问题具体分析。其实，教法无所谓新与旧、好与坏，只存在适合与不适合的区别。

提倡：既重视探究教学，又重视接受教学；既重视过程教学，又重视结论教学。

教法评价的一般标准：能否促进学生认知发展、情意发展、思想发展的最大化与最优化。

教法晋级的一般标准：套用教学模式的教师——教学技术级水准；活用教学变式的教师——教学艺术级水准。

喻言

“朝三暮四”与“朝四暮三”

在语言学家眼里，“朝三暮四”与“朝四暮三”含义相同，属于贬义词，比喻三心二意；在数学家眼里，“朝三暮四”与“朝四暮三”总数相同，符合加法交换律；在营养学家眼里，“朝三暮四”与“朝四暮三”意义不同，前者引申的“早餐多吃一点，晚餐少吃一点”更有益人体健康；在政治家眼里，“朝三暮四”与“朝四暮三”境界不同，“朝三暮四”代表着积极的追求，“朝四暮三”则暗示着消极的退步。

可见，“朝三暮四”，在不同的环境中，总有它适用的地方和变通的方法。

精点

对艺术而言，“没有最好，只有更好。”教育教学也是一门艺术。

创新提示

小材大用

为了引导学生更好地经历探索圆的周长计算公式的过程，教学这一课前，我布置学生自备一些探究材料，比如硬币之类的圆形物体、线绳等。然而上课时，我却发现很多学生忘了准备这些材料。

课马上就要开始了，怎么办？突然，我发现学生文具盒中都有一个透明胶带。这不是最好的探究材料嘛！透明胶带的轮廓本身就是一个圆形，而胶带本身又可以代替线测量圆的周长，学生只要把胶带展开一周即可准确测量出这个圆形透明胶带的周长，比起我让学生准备的那些探究材料，它显然好用多了。

就这样，透明胶带很快成为大家探索圆的周长计算公式的材料。探究过程中，由于操作问题，那些用线围或用滚动法测出的周长误差普遍比较大；而用透明胶带进行探究的小组，由于操作起来十分方便，不但很快得出了数据，而且误差很小。

由此想来，探究活动的成败与探究材料的选择有着密切的关系。教师应根据教学内容选择适合学生操作的活动材料，特别要善于在学生身边发现那些看似普通、但实际很有利用价值的材料，以保证学生的探究有效、顺利地展开。

新课程教师流行用语八

流行用语

“用你喜欢的方式（理解的程度）来读一读（说一说、做一做、学一学……）。”

【典型案例1】

语文《必须把这条鱼放掉》

《必须把这条鱼放掉》课文有这么一段——

趁着月色，父子俩望着那条煞是神气漂亮的大鱼，它的腮不断张合。父亲看看手表，是晚上10点——离钓鲈鱼季节的时间还有2小时。

“孩子，你必须把这条鱼放掉。”他说。

“为什么？”儿子很不情愿地大嚷起来。

“还会有别的鱼的。”父亲说。

“但不会有这么大。”儿子又嚷道。

他朝湖的四周看看。月光下没有渔舟，也没有钓客。他再望望父亲。

虽然没有人见到他们，也不可能有人知道这条鱼是什么时候钓到的，但儿子从父亲斩钉截铁的口气中知道，这个决定丝毫没有商量的余地。他只好慢吞吞地从大鲈鱼的唇上取出鱼钩，把鱼放进水中。

那鱼摆动着强劲有力的身子没入水里。小男孩心想：我这辈子休想再见到这么大的鱼了。

阅读这一段文字,我们首先可以把握文本所传递的“可观察意义”大致是,儿子钓到了一条大鲈鱼,父亲让儿子放掉,儿子不肯,但儿子分明感觉到父亲的决定是无法改变的,只好很不情愿地把鱼放了。

而作为读者,仅仅把握文本的“可观察意义”是不够的,还必须了解父亲为什么要放掉鱼,儿子为什么不肯,以及为什么最后还是放了那条鲈鱼。这就是“可观察意义的意义”,是读者阅读过程中生成的“潜在话语”。读者阅读过程中生成的“潜在话语”是丰富而多元的,可能是体验性的(哎呀,要是我钓到了那条鱼该多好啊,或者放掉那条鱼太可惜了),可能是感悟性的(按照大人所说的话去做,总是没错的,因为我们无法改变父亲的决定,或者大人总是要求我们按照他们的要求去做,并不关心我们怎么想),可能是评价性的(父亲做得对,规则是人人都应该自觉遵守的)等等。

“潜在话语”的丰富性也是实现语文教学丰富性、创造性的重要前提。阅读的本质是“潜在话语”的生成,“潜在话语”的生成是阅读教学成为对话的基础。

【方法点化】

潜在话语的不同,教师联想着学生的联想。

【典型案例 2】

数学“计算 48+35”①

师:这道题,用口算的方法怎样算?把你们各自的算法在小组里说说。

生 1:我是先算 48+30=78,再算 78+5=83。

生 2:我是先算 40+35=75,再算 75+8=83。

师:还有不同的算法吗?

生 3:我是先算 40+30=70,再算 8+5=13,70+13=83。

生 4:我可以倒过来,先算 8+5=13,再算 40+30=70,70+13=83。

生 5(**急切地**):我的算法和他们不一样。我是先从 35 里面分 2 给 48 得到 50,再算 50+33=83。

生 6 可能受到了生 5 的启发,迫不及待地抢着说:我还可以先从 48 里面分 5 给 35 得到 40,再算 40+43=83。

生 7:我是把 48 当作 50,50+35=85,85—2=83。

生 8:我把 48 当作 50,35 当作 40,50+40=90,再用 90—7=83。

---

① 云南威信县扎西小学 王德鸿

不一会儿，黑板上呈现出同学们想出的不同算法。老师激动了，情不自禁地为学生鼓起掌来。

【方法点化】

解决方法的不同，教师激动着学生的激动。

在这一教学活动过程中，执教者大胆放手，让学生广泛交流，主动探索。使学生在学做一道题的过程中，掌握更多的计算方法。在学生积极参与，探索不同解法的环节里，学生思维碰撞迸发出的智慧火花，也让学生在此过程中切身感受到成功的体验、情感的满足、信心的建立。

【典型案例3】

语文《五彩池》①

教师引导学生欣赏了一组五彩池的图片，结合课文的描写，充分体会了五彩池瑰丽的色彩后，有一位学生突然提出了一个问题："五彩池能游泳吗？"这一质疑引起了许多学生的议论，执教老师深感意外……随后，教师鼓励了学生的质疑精神，并让全班学生进行了一番讨论。

师：你为什么会想到这个问题呢？

生：因为我看见五彩池的水很清，很漂亮，我想在里面游泳一定很舒服。

师：哦，你观察得真仔细。那么，适合游泳的水应该怎样呢？

生：水要清、要干净。

师：对！除此以外你还想到了什么呢？

生：爸爸说，不能一个人去游泳。

师：是呀，安全这一点很重要。现在请同学们再仔细读读课文，五彩池到底能不能游泳呢？

生：我认为不能。因为"池底生着许多石笋"，我看见过石笋，长长的、尖尖的，在这样的池里游泳就会有危险。

生：五彩池根本不能游泳。文中说大的面积不足一亩，水深不到3米；小的呢，比菜碟大不了多少，水浅得用手指就可以碰到它的底。这样的池怎么能游泳呢？

不少学生都情不自禁地在下面应和：是的！

师（面对提问的学生）：现在，你还想去游泳吗？

---

① 江苏常州市广化小学　沈奇

生(不好意思地笑笑):不想。

师:还敢吗?

生(学生用手摸着头,有点难为情地):不敢了。

【问题点击】

因为喜欢而使目标远走他方

案例中,那么美的五彩池,形奇、水秀、环境美,学生想游泳也不失是一个真实的想法。然而,事实上如此奇丽的一个自然风景区有人游泳显然不妥,教师也充分意识到了这一点,并尝试着通过对话让学生深谙其理。可教师引导后铭记在学生心中的又是什么呢?不是对美的向往,而是畏缩和无奈的回避——五彩池连游泳都不能,因为有尖尖的石笋,石笋要刺破脚,这样的五彩池有什么好呢?

本来通过教学要让学生充分感受五彩池的美丽,并由此而产生赞叹、向往之情。教师的追问生发,使得整个教学与目标相距甚远。从师生对话和引导结果不难发现,学生不但没有足够地去品味、涵泳文本语言,而且连最起码的、蕴含文中的人文情怀也从学生心中被剔除了。

【典型案例 4】

数学“两位数减一位数(退位)”

出示场景图:小明说:“我有 30 张画片。”小新说:“我有 33 张画片。”小丽说:“我有 8 张画片。”

师:小明比小丽多多少张画片?

生:30－8＝22(张)。(板书:30－8＝□)

师:请大家拿出小棒摆一摆,算一算。(学生摆小棒,教师通过多媒体演示摆小棒的过程)

师:30－8 可以怎样计算呢?

生:先把 30 分成 20 和 10,10－8＝2,20＋2＝22。

师:小新比小丽多多少张画片?谁会列式?

生:33－8。

师:先用小棒摆一摆,再在小组里说一说可以怎样计算。(学生摆小棒并交流)

生 1:33－3＝30,30－5＝25。

生 2:10－8＝2,23＋2＝25。

生 3:13－8＝5,20＋5＝25。

师:你喜欢哪一种方法?把你喜欢的方法讲给同桌听。

接下来的练习中,学生大多采用生2的方法进行计算。

【问题点击】

因为喜欢而使方法原地踏步

在计算被减数个位不是0的两位数减一位数(退位)时,大多数学生喜欢用"把两位数分成几十几和10,用10减去减数,再把几十几和减得的数相加"的方法,而对"把两位数分成几十和十几,用十几减去减数,再把几十和减得的数相加"的方法仅仅会用,但不喜欢。

是否就可以任由学生选择自己喜欢的方法呢?教师可以瞻前顾后地对这一问题作些分析。"瞻前",学生应能熟练地口算十几减几的退位减口算,即生3的方法学生是有坚实基础的;"顾后",学生将要在后面学习"两位数减一位数(退位)"笔算和"两位数减两位数(退位)"笔算,显然生3的方法更具价值。因此,教师要正确看待学生提出的这三种算法。首先,要尊重学生的探索成果,三种算法都要鼓励;其次,要从服务于学生以后的学习着眼,对这些算法区别对待。一味强调"用你喜欢的方法计算",而不引导优化算法,是不恰当的。

比较用语

"根据课文(题意、发展、纪律……),怎样读一读(说一说、做一做、学一学……)比较合理(优越)?"

【典型案例1】

语文《三借芭蕉扇》[①]

在讨论《三借芭蕉扇》教案时,老师们对该如何解读课文发表了各自的见解:

① 江苏海门市实验小学 倪潜梅

"三借芭蕉扇,孙悟空借得难!他的对手牛魔王和铁扇公主或武艺高强,或有法宝相助,而且诡计多端。面对强劲的对手,孙悟空不退缩、不放弃,逼借、巧借、勇借,机智勇敢、百折不挠,这样的孙悟空让人敬佩,值得学习。"

"如果我们把这个故事放到整个取经过程中去看:借扇只是九九八十一难中的一难。路途坎坷,布满荆棘,可师徒四人终于靠着自己顽强的意志完成了取经大业。这给我们该如何奋斗,追求自己的理想提供了有益的启示。"

"大家有没有发现,孙悟空身上是有缺点的。所以,在取经的过程中,他要克服的不仅仅是外界的阻力,还需要克服自己身上的缺点,就是在不断的磨砺之中逐渐完善自我。"

看似简单的文本,却有这么多或深或浅、或偏或远的解读,这引发了我的思考:"这部作品到底是关于什么的?"观照《三借芭蕉扇》的解读,我发现,老师们有的关注的是作者的创作意图;有的关注的是文本呈现;有的是读者结合自己的生活经验,希望文本能给自己的生存予以启示……那么在教学中我们该如何选择"意义",确定教学目标呢?

【方法点化】

价值与发展可以决定文本的意义。

选择"意义"有以下几个参考标准:

1. 区别明确意义。我们在读文本,思考文本意义的时候,就是在不断地寻找区别的过程。"孙悟空"之所以成为"孙悟空",就是因为他与猪八戒、沙和尚、唐僧、牛魔王不一样,不一样在他正义、勇敢、机智……当然,还有一些小缺点。不管你对《三借芭蕉扇》有怎样的解读,但对孙悟空的这些认识应该是大同小异的,否则孙悟空就不是孙悟空了。也就是说,我们在指导儿童阅读《三借芭蕉扇》,感受孙悟空的形象时,必须通过语言的学习让孙悟空和别的角色区别开来,从而加深学生对孙悟空形象的认识。

2. 价值决定意义。不论文本的语境中隐含了多少个意义与怎样的意义,不论个性化的解读生成了多少新的意义,教师必须把学生从文本获得的意义导向积极的方向。也就是说我们的教学,在确定意义时必须有一定的价值取向——是否有利于儿童的发展,是否能使儿童积极地面对人生。

3. 发展限制意义。儿童的思想认识能够达到的水平是受很多因素制约的,如学习基础、生活经历等。只有将"意义"限定在儿童思想认识的最近发展区,儿童才可能理解意义,意义对儿童学习和行为的指导才能实现其最大的价值。反之，如果“意义”离儿童的生活经验、思想水平太远，那么我们的教学就意味着时间、精力与资源的浪费。

所以，对《三借芭蕉扇》的解读，转化为教学目标，毫无异议、有价值、适合儿童的发展的应该是“通过关键词句，感受孙悟空的机智勇敢，并学习孙悟空遇到困难百折不挠的品质”。

【典型案例2】

语文《詹天佑》

（出示句子）詹天佑经常勉励工作人员说：“我们的工作首先要精密，不能有一点马虎。‘大概’、‘差不多’这一类说法不应该出自工程人员之口。”

师：大家刚才体会了詹天佑的工作作风，如果用朗读表现你的理解，你会怎样读？

（第一个学生读，重音在“首先”一词）师：你强调的是詹天佑把工作的精密放在首要位置。

（第二个学生读，重读“经常”）师：你突出的是詹天佑“经常”勉励工作人员。

（第三个学生重读“不能有一点儿马虎”）师：你特别告诉大家詹天佑对工作一丝不苟。**（面对全班同学）**我们的朗读能通过轻重快慢表现自己想表达的意思，**（板书：读出意思）**这样的朗读是很有价值的。不过，这还不是朗读的最高境界。如果我们进入角色，能帮助你读得更好。**（板书：读出角色）**假如你就是詹天佑，会怎样说这样的话呢？

（第一个学生把自己当作詹天佑来说这句话）师：听得出来，詹天佑是面对一位工作责任心不强的施工人员说了这番话。

（第二个学生读得像领导在作报告，第三个学生读得像批评工作出差错的人员）师：明显进入了角色。你们三位同学的朗读，还把大家带入了一定的情景中。向你们学习，让我们的朗读都再上一层楼。继续进入想象中的情景。**（板书：进入情景）**

师：在施工动员会上，詹天佑面对所有的铁路建设者，慷慨激昂地勉励所有的工程人员——

生**（很有气势地齐读）**：“我们的工作……”

师：一天傍晚，猛烈的西北风卷着沙石在八达岭一带呼啸怒吼，刮得人睁不开眼睛，测量队急着结束工作，填个测得的差不多的数字，就从岩壁上爬下来。詹天佑语重心长地勉励测量队员说——**（请一个后进生朗读）**

师：进入情景朗读就是有进步。我们继续想象：个别工程人员因为条件艰苦，消极怠工，詹天佑严厉而又恳切地勉励工程人员——（邀请男同学读）

师（指板书）：朗读时，进入角色，想象情景，读出蕴含的意思，同时把体会到的情感写在脸上，这样的朗读才能成功，才算是真正的有感情朗读。让我们自由地读一读第四自然段的内容。

【方法点化】

情景与想象可以加深朗读的感情。

在这个教例中，教师没有把朗读指导停留在让学生随心所欲的“想怎样读就怎样读”的毫无情感可言的“小和尚念经——有口无心”上；也没有强调纯技法的指导，如哪里要重些，何处要轻些；也没有诸如“带着愉快的心情来读”、“读得勇敢些”的机械模仿。它是在尊重学生独特的体验基础上的，结合着智慧评价和“读出理解的意思——进入人物的角色——进入想象的情景——把体会的感情写在脸上”的有效方法的引领的朗读，是一种有效提高朗读能力、富有个性色彩的朗读，是人文阳光照耀下的诗意的扎实的朗读训练。

【典型案例 3】

语文《富饶的西沙群岛》①

《富饶的西沙群岛》中描述海龟的句子是这样的：“最有趣的要算海龟了。每年四五月间，海龟成群地爬到沙滩上来产卵。渔业工人把海龟翻一个身，它就四脚朝天、寸步难移了。”

可是，学生在朗读这些句子时，怎么也读不出海龟的有趣。忽然，我想到了一根能帮助学生读好这几句话的“拐杖”。我说：“有一位同学是这样读这几句话的，读得特别好，想听吗？”在学生充满期待的目光下，我绘声绘色地朗读了这段文字：“最有趣的要算海龟了。每年四五月间，海龟成群地爬到沙滩上来产卵。渔业工人把海龟翻一个身，（哈哈！）它就四脚朝天、寸步难移了。”

学生们觉得太新奇了，都迫不及待地学了起来。随着一声声“哈哈”，学生们把海龟读“活”了，也把课堂读“活”了。在我的启发下，学生们在随后的朗读时自己找到了许多“拐杖”：有的加上了“嘻嘻”，有的加上了“啊哈”，有的不仅加上了“噗哧”的笑声，还加上了捧腹大笑的动作……

---

① 浙江省上虞市丁宅乡学校　丁淑珍

我见时机已成熟,便让学生扔掉“拐杖”朗读句子。在入情入境的朗读声中,学生们似乎倾诉着这样的感受:我们喜欢这样读!

【方法点化】

语气与动作可以增加朗读的滋味。

每当学生的朗读不够味时,有些老师喜欢这样指导:请把这个字读响点,把那个词读轻些。学生只能是鹦鹉学舌,读而不知其味。也有的老师喜欢这样指导:请你们美美地读一读,读出它的有趣。怎样读叫“美美地读”?怎样才能读出它的有趣?学生不知道。久而久之学生们觉得朗读太难了!我们老师为何不给朗读指导来点创新呢?在朗读时加上语气词,加上动作,这些小小的创意让学生一下子找到了朗读的感觉,从而让学生读出了味道。

【典型案例 4】

数学“统计”

师:请把你的好方法展示给大家看看。

陆程昊:我看到一个图形就画一个图形,这是我画的结果:

□△○□○△□△○□○□△○□○△□

华苓帆:我是长方形画一排,三角形画一排,圆画一排的:

□□□□□□□

△△△△△

○○○○○○

师:陆程昊和华苓帆都是用画图形的方法记的,你认为哪一种好?

程远:我认为华苓帆的好,一下就知道哪种图形最多、哪种图形最少。

师:华苓帆用了以前我们学过的整理的方法——

朱文雨:分类整理。

师:收集数据时,用分类整理的方法会比较清楚。

蔡云龙:我也用分类整理的方法,不过不是画出来的,请看:

□	1	4	7	10	12	15	18
△	2	6	8	13	17		
○	3	5	9	11	14	16	

师:蔡云龙与华苓帆都用分类整理的方法,你喜欢哪一种?

黄楠:我喜欢蔡云龙的方法,可以看出一共有 18 个图形。

师：它确实有这个功能，并且不用画图了。

严许梦：我也没用画图，我用打勾的方法记的：

□ √√√√√√√

△ √√√√√

○ √√√√√√

师：你们看，严许梦和蔡云龙的方法，哪个更好？（众生思考，难决高下）

蔡云龙：我认为严许梦的好，我的方法容易搞错数字，第一次我就搞错了。

师：这些方法都可以用，不过用符号或数字等来替代原来的图形进行整理会更简便一些。下面请你选择喜欢的方法再来收集一次……

【方法点化】

比较与评价可以提升方法的层次。

教师用提问的方法，不仅在华苓帆和陆程昊、蔡云龙与华苓帆、严许梦和蔡云龙的想法之间一一进行比较，寻找联系，而且还对蔡云龙前后的想法进行了比较。这样的比较协助着学生一步步理解各种收集数据的方法及它们之间的异同，一次次感受解决问题策略的多样性。在组织比较的同时，教师又对陆程昊、华苓帆等同学先前的想法进行了修改，帮助他们内化收集数据的概念，建构自己对用符号替代物体进行收集数据的理解，形成自己的意义。

课堂点睛

▶"合情方式"VS"合理方式"

对白

【话题1】：标准答案→多元解读

∵传统："知识中心"的唯理性主义倾向→一味地追求理性化、知识化、标准化→文本的理解被固定化＋教学的过程被技术化。

∴解释权在于文本的中心思想。

∵新课程:

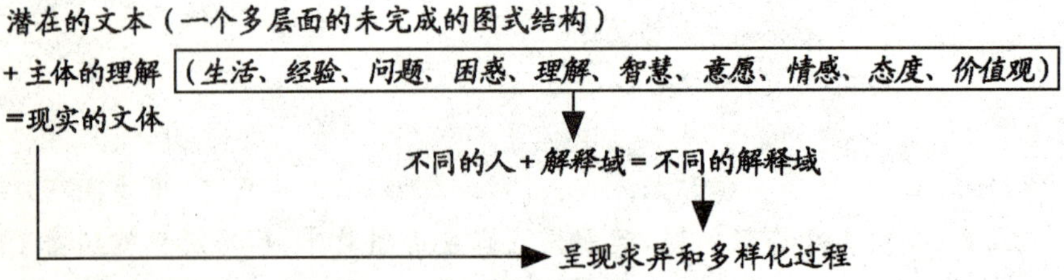

∴解释权在于学生的多元理解。

【话题2】:多元解读→价值引领

∵"对话"包括:主体(教师、学生)与文本、主体与主体之间的对话。

学生的阅读是一个不自足的系统,需要唤醒、引领、提升。

学生由于知识、经验、阅历都不完整,有相当多的缺陷→对话容易流于形式或处于放任、放纵的、脱离文本的绝对个人主义的"对话"状态。

∴教学设计应为学生解读文本的对话"建立支架":在关键点(耐人寻味、言外之意、妙笔佳句之处)进行开放化、弹性化问题设计。

【话题3】:价值引领→合适答案

∵多元解读"打靶说"认为:(1)多元≠∞,多元解读≠任意解读;(2)完全符合文本价值取向,中靶心打10环最好;基本符合文本价值取向,偏离靶心打7、8环或3、4环也可;完全悖于文本价值取向,脱离靶子打0环就不行。

多元解读的文本质地:取决于文本是否存在未定点和空白点,但它并不是一个无限制、无休止的开放体,它是一个有规定性的、有底线的相对封闭体。

教师应正确区分:学生别样声音中的奇音、杂音和噪音→学生的个性独特体验是正解、曲解,还是误解?

文本价值取向的内涵:作者的思想性(≈10环)→恒定的人文性(≈7环)→历史的规定性(≈5环)→时代的发展性(≈3环)。

多元解读的出发点和落脚点:只能是文本!

多元解读的生成点和生长点:只能是学生!

∴适合文本的答案+适合学生的答案=合适的答案。

喻言

支点与平衡

语文有一篇课文《狼与鹿》，讲述了人类是导致生态失衡的重要因素，其义如图1所示：

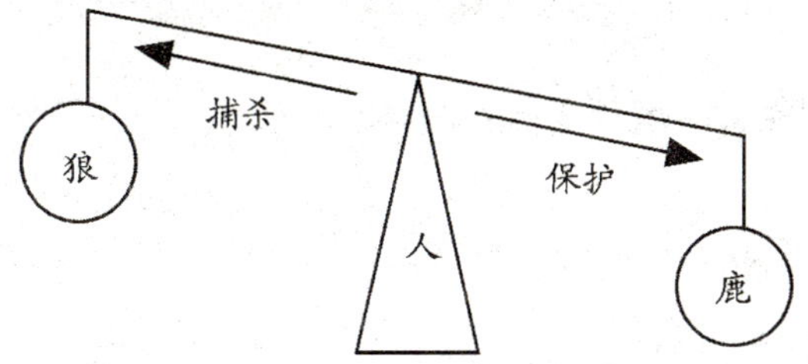

（图1）自然生态失衡

亚里士多德说过："给我一个支点，我能撑起整个地球。"课堂上，教师就是一个"支点"，应该撑起学生的"合情"方式与文本的"合理"方式之间的天平，创造教学内部的生态平衡，其义如图2所示：

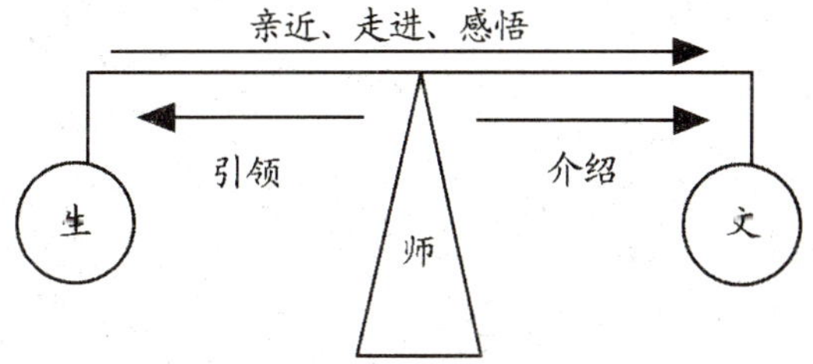

（图2）教学生态平衡

精点

"通情"与"达理"，"相映"才能"成章"！

创新提示

►“为詹天佑写颁奖词”

杭州市拱宸桥小学一位老师在教学《詹天佑》一文时，建构了三个层次的阅读话题。

第一层次，以“感动中国年度人物”这个话题引入，初读课文，说说詹天佑以什么感动了中国。

第二层次，边读边感悟“詹天佑的哪些言行感动了今天的我们”。

第三层次，为我们心目中的英雄——詹天佑写一段颁奖词，写颁奖词前，再次默读课文。

这三个阅读话题，较好地体现了话题选择的兴趣性、开放性、生成性。这三个阅读话题基于学生的“潜在话语”层层递进，在话题的引领下引导学生进一步走近詹天佑，感悟人物心灵，激发对詹天佑的喜爱和崇敬之情，引导学生逐步形成“共同话语”。需要指出的是“共同话语”不是共同的认识，而是在共同认识的过程中形成的“视界融合”。

新课程教师流行用语九

流行用语

►“你还能提出(想出……)其他的问题(方法……)吗?”

【典型案例1】

美术《奇怪的图形》①

当六(6)班的美术试卷收上来时,其中一份卷子一下子吸引了我——试卷上的绘画区,学生并没有画任何图形,却被揉得皱巴巴的。(绘画题目为:请你用这学期所学的本领来创作一个奇特的图形,要求简练、幽默,使人一目了然)

细看试题的末尾,学生写了这样一段注释:“内容是《奇怪的图形》,乍看,你肯定会觉得很奇怪、意外,‘奇怪’两字便说得通,至于‘图形’,就是这些印痕了。《皇帝的新装》看过没有?灵感来自于童话中,世界犹如这张白纸,原本应是干净的,但如果没有一些情感——也就是印痕的话,就太无味了!”

这是一份多么富有创意、情感、思想的佳作。看着这份卷子,我脑中情不自禁地浮现出几个教学场景——

场景一:“本学期,我们美术学科试行‘积分制’评分方法,你可以通过多种途径来获得你应得的分值。如:你学习认真的态度、与同学友好的合作、有创意的

① 江苏无锡市杨市中心小学 王伟

作品等都能得分。当你积满一定分值时，学期评定为优，而期末试卷则作为展示卷，仅作为老师的一个参考标准。”学生听了，感到惊奇。

场景二：“老师，我看了别人的作品，有了更好的想法，能让我修改一下，再重新评分吗？”“当然可以，相信你会有更出色的表现。”学生听了，感到满足。

场景三：“在美国的某著名大学门口，有一个浮雕《一个学生的脚印》，这个雕塑的产生源于一份试卷。试卷上有道题：请你写出你认为从小到大做过的最大胆的事。有个学生竟将自己的脚印踏于试卷上，并欣然写下：我最大胆的事就是敢在期末试卷上留下我的足迹。学校为了鼓励这种大胆有个性的创意行为，就将试卷上的脚印制成了浮雕，立于学校门口。你听了这个故事，你敢创作了吗？”学生听了，感到欣喜。

【方法点化】

“你还能吗？”使学生“我还能”！

学生的大胆创意举动源于教师在平时教学中给学生树立了大胆表现自己想法的自信；给学生营造了不断超越自己、发展自己的空间；给学生构建了经常反思自己、促使自己厚积薄发的评价机制。这份试卷让我们相信：给学生自由表现的空间和时间，给学生不断反思、超越自我的动力，学生一定会给我们一份又一份的惊喜。

【典型案例2】

数学练习课

一位教师上苏教版课标一年级下册练习七的练习课时，整节课学生只练习了练习七第14题。其教学过程如下——

投影出示情景题。

师：谁能根据题中的信息再提一个问题？

生：红色金鱼和紫色金鱼一共有多少条？

师：你们说他提的问题可以吗？（生齐答“可以！”）

师：请你根据问题列出算式。

生：24＋10＝34(条)。

师：你是怎样想的？

生：……

师：哪位同学还能提出不同的问题？

生:再买几条紫色金鱼就和红色金鱼同样多?

师:他提的问题可以吗?(生又齐答"可以!")

师:请你根据问题列出算式。

生:24－10＝14(条)。

师:你是怎样想的?

生:……

师:哪位同学还能提出不同的问题?

生:黄色金鱼和紫色金鱼一共有多少条?

师:他提的问题可以吗?(生齐答:"可以!")

师:请你根据问题列出算式。

生:10＋6＝16(条)。

师:你是怎样想的?

生:……

师:哪位同学还能提出不同的问题?

生:紫色金鱼比黄色金鱼多多少条?

师:大家说他提的问题可以吗?(生又齐答:"可以!")

师:请你根据问题列出算式。

生:10－6＝4(条)。

师:你是怎样想的?

生:……

师:哪位同学还能提出不同的问题?

……

当全班学生不再提出问题时,下课的钟声已敲响。教师遗憾地看看手表,依依不舍地与学生道别。

【问题点击】

一味的"还能吗",使教学时间浪费

学生问题意识的发展及培养,不仅有赖于知识和能力的基础以及适宜的环境和气氛,而且还要依靠科学的教学方法和技巧。毋庸讳言,上述教学片段,培养了学生提出问题的能力,体现了新教材鼓励解决问题策略多样化的编排特点。然而,在运用"一问一答"式收集学生反馈信息的过程中,大量宝贵的教学时间也悄悄地溜走了,造成教学目标不能完成,真是"随珠弹雀"。

针对这一情况,教师可采取“并联”方式,而不要用“串联”方式。即当学生活动时,教师巡视并有意识地选取不同做法的同学到黑板上板演。然后,教师再组织学生讨论“他们做得对不对,有没有其他想法”,这样,学生的学习信息可以同时呈现出来,而且信息面比较广,故称为“并联”,而一问一答式的反馈方式称为“串联”。实践证明,“并联”方式在数学课堂上能达到省时高效、多方位收集学生信息的目的。

【典型案例 3】

数学“买电器”

师:从这幅图中,你能提出一个数学问题吗?

生 1:买 1 台洗衣机和 1 台电视机共花多少钱?

生 2:买这四种电器一共花多少钱?

生 3:买 1 台电冰箱比 1 台电视机贵多少钱?

生 4:买 3 台电扇共花多少钱?

生 5:买 3 台洗衣机和 2 台电冰箱共花多少钱?

师:这么多问题,你们都能解决吗?

生:能。

学生提出一个问题,老师就板书出来,因此,学生的积极性就更高了,提的问题一个比一个难。接下来,老师让学生逐个解决这些问题,做完一个,集体订正一个。学生真不简单,竟然把难题也做出来了。匆匆忙忙地做到第 5 个题,下课铃响了。

【问题点击】

一味的“还能吗”,使教学问题超载

上述案例中,表面上看教师发挥了学生的主体作用,让学生自己提出问题、解决问题、充分展示各自的才能,特别是优等生的表现尤为突出,但是,还有部分学生却好像在腾云驾雾,疑惑不解。本节课的教学目标是探索整十、整百数相加减的计算方法,由于教师没有及时发挥引导者的作用,而被学生牵着走,导致教学活动偏离了预定轨道,没有完成预设的教学任务。

看图提问题是新教材的一大亮点,而当学生的思维“漫游”时,就需要教师把握方向,对学生提出的问题需要进行筛选,把较难的、超出范围的放在问题银行中以后解决,重点选择一、两道本节课的“中心问题”来让学生讨论或解答。

【典型案例 4】

语文《一夜的工作》

一位教师执教《一夜的工作》,引导学生对课题质疑,一开始教室里寂静无声,少许终于举出了几双小手,学生问:一夜的工作时间究竟有多长?一夜的工作量有多大?写了谁一夜的工作?终于替老师解了围。但细想,这样的问题没有多大价值,教师与其让其质疑还不如组织学生观看或交流一些周恩来的生平事迹,让学生对周恩来多几分感性的认识,为学习课文打下情感的铺垫。

【问题点击】

一味的"还能吗",使教学技艺单调

教无定法,适合的才是最好的。在我们的教学中选择什么样的教法,要视教材内容而定。还拿课题质疑来说,在我们平时的阅读中,如果题目很吸引人,谁还停留在课题上细细地想这个为什么,那个为什么,恐怕早就往文中去寻求答案。只有这课题有质疑的价值,对学生深入理解课文有帮助我们才使用。

另外,在小学语文教材中有许多优美的散文、诗歌,这些课文应让学生声情并茂地去读,在反复朗读中去产生"独特的感受、体验和理解",如果教师也一味地引导学生去质疑,恐怕美文的"神韵"全都散了"架"。教师只有根据文章的特点,选取适合的教学方法,这样才能取得最佳的效果。

比较用语

"你还能提出(想出……)有价值(有区别、有联系……)的问题(方法……)吗?"

【典型案例 1】

"我的问题太多,该提哪一个?"

有问题提是好事,但那么多繁琐、零乱的提问,怎样才能梳理成一条"流水

线”。笔者从特级教师孙金权教学中获得启示，他鼓励学生提有质量的问题。如果学生提的问题有价值就请他写在黑板上，还署上自己的大名，这样学生为了获得老师的肯定，在提问时肯定会对问题作斟酌，选出自己认为最有价值的问题。如果提的问题较多，教师让学生小组内讨论，找出主要问题，教师再引导学生从最有价值的问题入手，这样其他问题也迎刃而解。

【方法点化】

教师对学生的“我还能”，择需而用，择优而用。

【典型案例 2】

语文《狐狸和乌鸦》

学生读文后，老师请大家说说对乌鸦的印象。

生：乌鸦就是爱听好话，所以才丢了那片肉。

生(**带着批评的语气**)：对呀！好不容易才找到了一块肉，都是它太喜欢听好话，才上了狐狸的当，害得它的孩子也要跟着饿肚子。

师(**发现学生思维的单向性，及时点拨**)：有不同想法吗？

生：也不能全怪乌鸦，前两次它都没有出声，是狐狸太会花言巧语了。(**由于教师的点拨，学生转变了思考问题的角度**)

师(**欣赏学生的语言表达**)：嗯！“花言巧语”这词用得好。哪位小朋友还想说？

生：乌鸦多疼它的孩子呀！辛辛苦苦找到一小片肉，却舍不得自己吃。

师：评价一个人或一件事时，能从多方面结合起来说，好！(**从认识事物方法的角度加以点化**)

生：课文还说“乌鸦找到了一片肉，心里很高兴”，它想它的孩子不会饿肚子了。

生：乌鸦虽然爱听好话上了当，但它还是一位好妈妈，因为它非常疼爱它的孩子。(**学生对乌鸦做出比较客观的评价**)

【方法点化】

教师对学生的“我还能”，指点方向，指点方法。

从以上的教学过程，我们可以看出由于教师的悉心倾听、准确判断和“穿针引线”式的引导，使得课堂互动处在非常有效的状态，学生也因此得到生成性的发展。

课堂点睛

▶"追求新意"VS"追求价值"

对白

【话题 1】:默默无闻→能说会道

∵开口说话是孩子的天性。

∴教师应做到:让学生"敢说"→"会说"→"爱说"。

【话题 2】:言者无罪→童言无忌

∵生活(知识)阅历的广泛:学生＜教师;

生活(知识)体验的丰富:学生＜教师;

生活(知识)感悟的深刻:学生＜教师。

∴教师应做到:"谅解学生的失语"→"理解学生的童言"→"善解学生的心(新)声"。

【话题 3】:言而有新→言而有价

∵"一千个读者"≈"一千个哈姆雷特";

"一千个哈姆雷特"≠"一千个罗密欧"。

∴教师应做到:"鼓励学生追新"(个性解读＋独特体验)→"引导学生追根"(文本主旨＋文本语境)＝存情存理＋互惠互济。

喻言

将触须伸向心灵

教学对于人的意义就犹如一株爬山虎的生长,文本就是它的枝叶,而教学者的引导和学习者的感悟则是它的触须,爬山虎靠着触须向上生长,逐渐爬满窗棂,使窗棂绿意葱茏,而这窗棂便是我们的心灵了。

精点

文与心一体，书与人俱化。

创新提示

►"用自己的思想说话"①

人云亦云，说套话，说空话，是当前小学生表达中普遍存在的问题。这不单是语言表达的能力有问题，同时更反映了孩子们缺少独立思考的精神，为此，我一直倡导让孩子们"用自己的思想说话"。

因为在我眼里，让孩子成为用自己的大脑思考的人是教育的根本，课堂教学的过程就是生命与生命的真实对话。我们教师应尽可能把用自己的智慧去开启学生的智慧之门，碰撞出学生智慧的火花。

为引导学生"用自己的思想说话"，我想了不少办法——

第一招：简单提示法

"放下笔来，用心聆听，用心思考，要在同学的发言中寻找启发，联系自己的生活、知识，想一句与别人不一样的话"。孩子们只好"无可奈何"地左思右想。水平好的，能写出与众不同的精彩之言；即便差一点，在他人的基础上略作修改，仿写一句，也总比不动脑筋照搬强多了。

第二招：个人亮相法

课中练笔——尤其是那些能体现孩子个性思考的小练笔，孩子的表达往往参差不齐。因此，我总是鼓励孩了写完后自己主动站起来大声读一读。我则认真倾听，并进行交流与点拨。这样，既防止了先写好的同学无所事事，又锻炼了孩子的胆量，还拥有了更多的师生直面对话的时间与机会，慢慢引导孩子变"要我说"为"我要说"。在这个过程中我还指导学生注意发表见解的礼仪——看到有人先站起来开口了，就先听后说。大部分学生都读过之后，我接下来就安排一个同桌交流的环节，让每个孩子都有说的机会。

---

① 浙江省平湖师范附属小学　顾巧英

第三招：赏识激励法

似乎这个方法用在什么地方都行，关键是用得巧妙与否。记得上星期学习理解省略号在不同句子里所表达的不同含义，我请一个叫吕凯健的孩子进行判断。正在他沉思的时候，班里两个性子颇急但往往思考欠周密的孩子就小声地嘟囔出了两种不同的答案：是说话断断续续；是多次重复的省略！

我看看他俩，又看看吕凯健，说："你自己好好想想！"他又思索了片刻，说："应该是语意未尽。""为什么？"我追问道。他头头是道地表达了自己的想法。我扶着他的肩膀："你看，吕凯健说得多好，他用他自己的思想给我们最正确的回答。所以很多时候，不要听别人说什么就是什么。要记住，只有经过自己思考的才是最有价值的。让我们给吕凯健送上最热烈的掌声！"一片掌声中，他自豪地坐下了。相信有了这样经过独立思考而获得的成功，会更多地激励他努力地用自己的思想说话。

第四招：针锋相对法

读书的时候，我就喜欢演讲和辩论，那种针锋相对、唇枪舌战的论辩场面至今都记忆犹新。更重要的是，在这样旁征博引、据理力争的过程中，我形成了阐述、剖析、论证的思维习惯，也增强了自信心。因而，在阅读或习作教学中，当孩子产生问题时，我常常不失时机地组织学生进行一番"课中辩论"，孩子们在抛出观点、你争我辩的过程中，不仅深化了对问题的认识，而且在思考、分析、表达中收获了自己的思想。

比如在上《爆竹声声》一课时，我创设了"假如你是市长，你是否允许市民在节日里燃放烟花爆竹"这样的辩论情景。在孩子激烈而机智的辩论中，我读到了孩子们迸发出的思想的火花。在随后安排的小练笔《给市长的一封信》中，孩子们个性鲜明、见解独到的表达，让他们自己也着实"吓了一跳"。

新课程教师流行用语十

流行用语

"还有谁没回答过问题？"

【典型案例 1】

发言卡片

苏兰老师上课时，整堂课都在关注学生的学习习惯培养，听课习惯、发言习惯、思维习惯……如刚上课时，苏老师手里拿着一叠卡片说："谁发言了，就发一张卡片。"还宣布了一条规则：不能重复别人的发言，促使学生积极思维，踊跃发言。课堂上，老师不是提了要求就完了，而是不断地督促、检查，鼓励学生积极参与学习。发现哪一组没人举手，就说："你们一组怎么没人举手，待会儿会很惨的，因为后面的问题越来越难哦，还没有发言的要把握机会啊！"这话既风趣，又激励学生积极发言。

到了最后，老师手里只剩下四张卡片了，苏老师又说："还有哪四位小朋友没有领到卡片的，请站起来。"因为老师手里拿的卡片数与学生数是吻合的，剩下四张卡片说明还有四个学生没有发言。苏老师随即设计了几个非常简单问题让这四位小朋友回答，这么做既不伤害学生，又让全体学生有了参与学习的机会。而且所发的卡片又是学生当堂练习的作业纸，这么安排真是巧妙，让人叫绝！又如苏老师发现有些学生发言低着头，胆子很小，苏老师就反复鼓励说："你为什么不拿着纸，抬头挺胸地回答呢？"这就是培养学生一种自信，一种能力，一种品行。

【方法点化】

关注全体,为了增加学生表现面。

【典型案例2】

语文《蒲公英》[①]

家长开放日那天,在教学《蒲公英》一文时,孩子们兴趣盎然,教室里小手林立,每个孩子都说得头头是道。当课进行到一大半的时候,我突然意识到自己的课堂上还有个别学生始终没有站起来回答问题。很多特级教师在课堂上不是让每个孩子都有"表现"的机会吗?于是我问孩子们:"还有谁没有回答过问题?请举手。"

刷!大家的目光都投向了平时从不举手的小西!本来很自然的小西闹了个大红脸,她慢吞吞地举起了手。

我给了她"表现"的机会,有意让她回答了一个简单的问题。她总算回答出来了,尽管有些疙疙瘩瘩,但我毫不吝啬地表扬了她。课后,听课的小西的妈妈眼中泪光闪动,她激动地说:"谢谢老师给小西机会!"我笑了,为我的得意之举。

"老师,下次我要争取自己举手!"小西说。一语惊醒梦中人,我突然觉得自己的得意之举是一个败笔。

【问题点击】

关注全体,可能会暴露弱者的无能

案例中,就因为教师一句"还有谁没有回答过问题",让小西暴露在大庭广众之下。她在众目睽睽之下的难堪教师怎么没有想到呢?教师本来是想更好地让她得到发展,这样一来,反而是弄巧成拙。教师应该认真关注学情,在适当的时机让小西"表现"自己,这样她才能克服自卑,以积极的心态投入到学习中去。

---

① 江苏省溧阳市实验小学　朱华东

比较用语

▶“请你悄悄地(用适合的方式……)告诉我,你会回答吗?”

【典型案例 1】

左手与右手

有一位老师,上课点名举手的同学回答问题。

有一位叫张兴的孩子,在老师的问题刚脱口而出时,便小手高举。可当老师点名让他回答问题时,他则脸憋得通红,半天说不上答案,或者是答非所问。

这样的事儿在张兴身上接二连三地发生。事后,老师并没有批评和责怪孩子,而是私下和张兴达成约定:以后,倘若老师提出的问题张兴货真价实地会,就举左手;如果不会,就举右手。

接下来的故事按照老师的安排井然有序地进行:孩子举左手,老师便将其请起来回答问题;举右手,则不予理睬。在老师的配合下,张兴逐渐找到了感觉,慢慢成为能够自主思考、有条有理回答问题的中上学生。

【方法点化】

关怀学生,有时需要私下的约定。

这个案例说明两个问题:一是孩子张兴身上存在着虚荣心和上进心;一是老师身上有极大的睿智和宽容。有了老师的宽容和睿智,孩子的虚荣和上进的一面得到极好的掩饰和保护;有了老师的睿智和宽容,孩子逐渐找回了自信,品尝了成功的感受。

【典型案例 2】

传话与传情[①]

接到送教下乡的通知，我决定上一节以“游戏”为话题的作文课。这一天，我来到五年级二班试教。

上课伊始，我让学生做一个“传话”的游戏。我随机叫第一排的 4 个学生上来接受传话的任务，有 3 位学生很快上来了，但第四组边上的那个学生却坐着不动。他个子矮小，目光有意避开我。我走到他身边，轻轻地问他：“你怎么啦?”旁边的几个学生异口同声地说：“老师，他不会的!”这时，他把头埋得更低。我一愣，马上意识到了原因，一边用目光示意其他同学不要作声，一边鼓励他：“没关系，老师会帮助你的，大家也相信你能行!”说到下半句，我故意提高声音对全班说。聪明的学生很快领会我的意思，有的点头，有的附和：“是，是，是，你能行的!”

我牵着他的手，把他领到讲台前，在他耳边轻轻说了一句。当然，传话的内容我临时改为：“我很努力，大家都说我能行!”为了让他听得清楚，我把话重复了一遍。随后，微笑着对他说：“请你把这句话悄悄地传给下一位同学。”其他各组按原定的内容依次传话。结果，只有他这一组能照原话传下去，其他三组都把话传歪了。这时，大家七嘴八舌地谈起感受：“真没想到，一句话传来传去就走样了。”“看来不能完全听信别人的话。”“一个小游戏也能给我们启示。”……这正是我创设游戏情境的目的。

我让学生以“游戏”为话题进行写作，可以写刚才的游戏或其他玩过的游戏，也可以写自己创编的游戏，还可以写在各种游戏中得到的启发。孩子们有话可说，埋头赶写。我悄悄走到那个小男孩旁边，他也在写，错别字不少，但内容表达还算清楚。他写的是刚才的游戏：“我低下头，正想和往常一样装作没事，老师就不会理我了。没想到，老师说‘没关系。相信你能行!’还牵着我的手走上讲台，轻轻对我说了两遍‘我很努力，大家都说我能行’。我一字一字地听着，生怕丢掉一个字，并赶紧往下传……”作文不长，可情真意切。我帮他修正一些错字病句。在习作展示中，我再一次给了他机会。他很激动，读得有点结巴，不是很流畅，然而，全班同学听得很认真，最后情不自禁报以热烈的掌声，他再一次激动得小脸

---

① 广西贺州市八步区教研室　曾兰芝

通红。

但愿，我们的课堂没有被遗忘的角落。

【方法点化】

关怀学生，大多需要特别的关照。

【典型案例3】

前面与后面

有位老师在一节语文公开课上让学生“开火车”认读生字，孩子们挨个儿准确响亮地读出了生字，老师的脸上露出了满意的笑容。轮到一个文文静静的小女生了，只见她猛地站起来，张开小嘴，刚要读，却又停住了。老师一边用教鞭指着那个字，一边用鼓励的眼神看着她。一秒钟过去了，两秒钟过去了，她还是读不出来。这时，所有的目光都聚集到了她的身上，教室里出现了难堪的沉默。紧接着，一些学生高高地举起小手，嘴里还喊着“我来！我来！”还有个别学生小声嘀咕：“哎，这也不认识！”那个小女生脸涨得通红，两只小手使劲地扯着自已的衣角。看得出，她非常着急。

“那你还会别的字吗？”老师面带微笑，亲切地问。“当然会了！”这个女生大声地读出了后面的一个生字，其发音之准，声音之洪亮，毫不逊色于前面的学生。读完后，她自豪地看了看四周，高兴地坐了下去，教学又在轻松愉快的气氛中进行着。在课堂后面的时间里，那个小女生学得特别认真，读得特别卖力。显然，读不出生字这件事并没有在她心中留下阴影。

【方法点化】

关怀学生，有时需要灵活的变通。

其实，像这种“卡壳”的细节，在我们的课堂教学中是普遍存在的。一般的处理办法，为了不影响正常的教学进度，老师会用手势示意读不出的学生坐下，后面的同学赶紧站起来补读；也有些老师，为了打破僵局，就问“谁能帮助她呢”，然后请别的同学读，最后再让这个读不出来的学生读一遍巩固巩固。而这位年轻的老师却能用一句“那你还会别的字吗”，巧妙地维护了孩子的自尊心。

课堂点睛

▶"关注全体"VS"关怀全体"

对白

【话题 1】:异化对待→关注全体

对优生:像春天般温暖;

对差生:像冬天般冷淡。

→对学生:一样的笑容,让每一个孩子都能发展。

【话题 2】:关注全体→关怀全体

用眼观察学生的表现活动:他们是怎么做的。

→用心体会学生的心理活动:他们是怎么想的。

【话题 3】:关怀全体→柔化对待

对优生:强关注对差生可能是一种强落差;

对差生:强关注对差生可能是一种强曝光。

→对学生:小心地呵护,让每一个孩子都能健康地发展。

喻言

羞答答的玫瑰静悄悄地开

豆芽在长成露面之前需要静静地在暗箱中努力,胶片在展现美丽之前需要静静地在暗室中操作。世上,好多事物在你不经意间"忽如一夜春风来,千树万树梨花开",它们在意着你的默默关注,而反对你去刻意地"催熟"它们,让它们难堪。

人亦如此。在公众媒体上,经常公开着一些被资助的弱势群体。我在想,"公开"的这些资助的人,脸上可能煞是风光,而被"公开"的这些被资助的人,心里可能不是滋味。

精点

有时，给予，不一定都是快乐的！关爱，也可能会是一种伤害！

创新提示

▶首席座位

常常去教室随堂听课，发现这样一个现象：凡是班级人数呈单数的班级，总有一个学生会失去同桌，孤零零独自一人坐在教室的后排。

看看这些孩子上课的情况：回答问题的机会少，得到讨论交流少，被老师关注的少，得到老师的指导少……

再看看这些孩子上课的表现：智力稍好一点儿的，也能专心听讲；倘若碰到一个被称为“弱智”好动的孩子，则是另一番风景，老师讲的什么，似乎与他的关系不大。久而久之，这个位置便成为被大家遗忘的角落。

每每遇到这种情景，看着他们憨乎乎的样子，我的心里总有一种很酸楚且说不出的感受……

是老师对他们缺少关注和关怀了吗？答案也不尽然。因为每位老师班上都有几十号学生，他们的职责是要对全班同学负责，不能眼睛只盯着那一个独特的个体来教学吧。

那么，就没有更好的办法来解决这个难题了吗？

答案是否定的。

最近看到江苏省有个叫作宁海侠的班主任，在安排那个谁也不愿独自去坐的座位时别出心裁，令人拍案叫绝。

大多数班主任在安排座位时，大致按照男女搭配、从小到大、从前往后的原则进行排列，多出来的座儿往往留在最后一排。可这宁老师却“倒行逆施”，将独座放到了讲台下第一排，并美其名为“首席座位”。

再听听他给孩子的解释：法庭上最高法官叫“首席法官”；乐队里最好的乐手叫“首席乐手”；看节目演出时留给首长坐的叫“首座儿”。咱们班的这个位置我给它起名为“首席座位”，只有孩子们中的出色者、优秀者、进步最快者，才有资格坐到“首席座位”上来。

既然是“首席之位”，那是有“地位”的人才能享受到的专座。因此，学生从心理上对“首席座位”产生了亲近感、向往感、奋斗感，缺少了孤独感、排斥感、异化感，坐在上面的孩子有了幸福感、成就感、自豪感。对教师来讲，也不再为那个谁也不愿意去坐的独座而犯愁。这何尝不是一件大快人心的好事儿呢？

既然是“首席座位”，那说明只有表现最好者才有资格享受。而孩子们的表现则一天一个样：今天张三优秀，明天李四最好，后天王五进步最大。因此，这个座位上的人也是铁打的营盘、流水的兵，经常变动的，这就减少了孩子们因失去同伴而造成的痛苦。

新课程教师流行用语十一

流行用语

“对这一知识，你猜一猜（想一想……）会是怎样？”

【典型案例1】

语文《猫与战争》

《猫与战争》的第二自然段原文如下：古代埃及人崇拜猫，视猫为神物。古代埃及人正是因为尊猫爱猫备至，才输掉了一场战争。在古代埃及后王朝时期，波斯人入侵埃及。在一次战斗中，波斯将帅深知埃及人的心理，别出心裁地（用群猫组成“猫队”，取代士兵打头阵。不仅如此，每个波斯士兵手里除了兵器之外，还都抱着一只猫）。当这支古怪队伍突然出现在埃及军队阵前时，埃及统帅犹豫了：不战则亡，战则势必殃及顶礼膜拜的神物。在这两条出路面前，埃及军队还是选择了前者——缴械投降。这样，波斯人兵不血刃，轻而易举地赢得了战争。

一位老师在教学时，他采用大屏幕投影呈现教材，并对原文进行了处理：将括号中的内容删去，用“?”替代。然后，让学生根据上下文，对删去的内容进行推测想象。最后，出示原文，学生自主比较，寻找差距。这样，极大地激发了学生学习的主动性。

【方法点化】

猜测想象,让知识披上神秘的面纱。

文本的一览无余会使学习变得索然无味,适当而巧妙地在文本中预设一点障碍,例如某些课文中的一些数据、内容等留出空白,构建有障碍的“不完形”对话文本,让学生跳起来“摘桃子”,无疑会增强学生学习的兴趣和探究欲。

【典型案例 2】

数学“面积单位间的进率”①

一位教师在教学“面积单位间的进率”时,当学生汇报出学习了平方米、平方分米、平方厘米等面积单位后,教师立刻就让学生猜一猜“1 平方分米等于多少平方厘米”。

生 1:“我猜 1 平方分米等于 100 平方厘米。”生 2:“我也猜 1 平方分米等于 100 平方厘米。”师:“都猜 1 平方分米等于 100 平方厘米呀!”许多学生点头同意,师:“谁还想来猜一猜? 没关系,要敢于大胆说出自己的想法!”十几秒的沉默后,生 3:“老师,我猜 1 平方分米等于 10 平方厘米。”生 4:“我猜是 1000 平方厘米。”生 5:“我猜是 10000 平方厘米。”老师接着说:“哟,同学们猜了这么多的结果,那到底谁猜得准确呢? 1 平方分米到底等于多少平方厘米呢? 就请同学们利用手中的学具赶快验证一下吧!”学生进而投入到了验证之中。

听课后的疑问:(1)学生都猜 1 平方分米等于 100 平方厘米,这说明了什么? (2)学生的猜想“五花八门”,有的与正确答案相差甚远,这说明了什么? (3)生 3 是班里学习极为优秀的学生,连她也猜错了,这又是为什么呢?

课后调查的结果:全班 36 名学生,有 25 名学生在猜想以前就知道了 1 平方分米等于 100 平方厘米,有的学生是通过预习知道的,有的学生是家长以前教的,还有的同学是通过看课外书籍知道的。既然同学们都知道了正确的答案,为什么还猜得“五花八门”,与正确答案相差甚远呢? 尤其是一名学习极为优秀的学生怎么也猜错了呢? 生 1:“其实我也知道正确结果的,可老师还让我们猜,总不能没人回答这个问题吧!”原来是学生在配合老师,以致于猜出了许多种结果。生 2:“我就是随便一猜而已,能有什么根据呢?”原来有些学生的猜想是没有方法、没有根据、没有缘由的瞎猜。

---

① 北京市密云县不老屯中心小学　丁素霞　郭保生

【问题点击】

教师无视学生事先已知知识，而让教学异变成一种演戏

在新的课程理念流行下，教师在教学中更多地采用了让学生大胆猜想后再进行验证的教学思路，但由于教师缺乏深入的思考，只是把“猜想与验证”当作教学中的一个环节，学生知道老师根本不会在意答案的正确与否，只是教学的一个必需的环节，这一环节只是一猜而过罢了，所以学生的猜想毫无根据，更谈不上猜想方法的合理与科学。究其原因是教师没有教给学生任何猜想的方法，没有真正理解猜想的意义所在。

在教学“面积单位间的进率”时，教师可以先问问学生：“你们知道1平方分米等于多少平方厘米吗？”如果学生知道，教师可以问问学生是怎么知道的，进而鼓励学生能够自觉进行预习，然后再问学生：“那你们知道1平方分米等于100平方厘米是怎么得到的吗？你们愿意利用手中的学具探究一下吗？”寻求理论依据。如果学生不知道1平方分米等于100平方厘米，教师再让学生猜一猜1平方分米等于多少平方厘米，学生可能猜的结果“五花八门”，学生猜后教师要出示一个1平方分米和一个1平方厘米的小正方形，让学生观察、比较后再猜一猜会是多少，告诉学生猜想一定要有根据，不能瞎猜，让学生体会到猜想时要先在头脑中想一想1平方分米有多大？1平方厘米有多大？这样的猜想会更科学、更准确。

【典型案例3】

数学“圆的认识”

教学“圆的认识”一课，当学生认识了半径后，教师组织了一次比赛，看谁在规定时间内画的半径最多，比赛时间约15秒。

在汇报“战果”时，一般同学都画了六七条，其中一位学生特意说明了她的画法，原来她是采用画直径的方法（此时直径还没有学习，但她作了说明：这样的一条相当于两条半径）。接着教师开始教学直径，并让学生观察所画图形并说出自己的发现。学生顺利得出：半径有无数条，在同一个圆里直径是半径的两倍，所有的半径长度都相等等知识点。

【问题点击】

教师无视学生事中探出的后继知识，而让教学僵化成一种程式

案例中，教师让学生比赛谁画的半径多，但没想到的是学生通过比赛自己创

造性地使用到了直径，且直观地发现了直径是半径的两倍等。这里生成的意义已经大于了教师原先的预设，可是当学生已经将直径等于半径的两倍这一关系搞得十分清楚之后，教师再来提问半径和直径有什么关系，并让学生再去用事先预设的折一折、量一量的方法进行验证，这就显得没有必要了。学生的思维已经进入了高一层次，教师还硬要把他拖回到预设的起点上。

比较用语

"对这一知识，你已经知道了什么？"

【典型案例1】

数学"三角形的认识"

教学"三角形的认识"一课，开始时我出示桥梁和吊车臂（课件）激发学生的探究兴趣：桥梁和吊车臂为什么上面都有好多三角形呢？接下来转入自主探究阶段。

可就在我的问题刚出示，立即有一只小手自信地举着，迟迟不肯放下。我索性请他上来讲，小男孩倒也不客气，他大方地走上讲台，旁征博引，滔滔不绝。原来，孩子的爸爸是建筑工程师，小男孩近水楼台，耳濡目染。全班同学都听得呆了，我也大开眼界，对三角形的特性，对小男孩都重新作了认识，没想到学生的身上蕴藏着巨大的教育资源。我们为什么总喜欢端着教师的架子，把学生往"小"看呢？

【方法点化】

利用学生先知先觉的明了，替代教师的讲解。

【典型案例2】

数学"平行四边形面积"

当老师从创设情境转入激趣生疑阶段，刚抛出"那么平行四边形的面积怎样计算呢"这个问题，（原先预设的教案是学生都不会，老师借机导入新课："我们这节课就一起来研究平行四边形的面积”)一个学生就大叫着：“我知道！我知道！”老师略一迟疑，但立即微笑着面向这个孩子：“你知道什么？”小女孩清脆地答道：“平行四边形的面积等于底乘高。”

教师苦心创设的问题情境，却被学生一语道破了。老师摸摸她的头：“你真了不起！老师还没教你就知道了。说说你是怎么知道的？”小女孩骄傲地说：“我自己从书上看到的。”下面响起几个声音：“我也知道！是爸爸教我的。”“我是从电脑上看到的。”“我在数学百科里找到的。”老师欣喜地追问：“关于平行四边形面积，大家还知道些什么？”顿时小手林立，“我知道平行四边形面积可以通过剪拼，把它转化成长方形推导出来。”“我知道平行四边形面积的大小跟它的底和高有关。”……

老师继续提问：“那么你们还想了解有关平行四边形面积的哪些内容呢？”学生争先发问：“推导平行四边形面积公式时不沿着高剪可以吗？”“能不能把平行四边形剪拼成正方形呢？”“长方形面积等于长乘宽，平行四边形面积为什么不能用底乘邻边呢？”……

老师把同学们的问题加以整理和归纳，板书到黑板上。接着老师指着黑板上的问题深情地说：“同学们真善于发现问题，其实这些问题我们只要动手试一试，就能找到答案。”之后，师生带着浓浓的探究欲望投入到实践活动中去……，结果学生有许多超出书本的精彩发现。

【方法点化】

抓住学生先知先觉的模糊，研究知识的本质。

【典型案例3】

“把认识的字写在纸片上”

如何把课内识字与课外识字更好地结合起来，一位教师是这样做的——

初读课文后，教师发给每位学生一张纸片。

师：课文中的生字你认识了哪些？请把你认识的字挑一个写在纸片上。

学生纷纷拿起笔写，不一会儿，学生就举起了手中的纸片。

师：谁给大家说说，你是怎么认识的？

生：我认识“湖”字，我去西湖游玩的时候认识了它。我们附近还有一个金狮湖。大家跟我读……

生：老师带我们做“大转盘”游戏时，我认识了“转”。大家跟我读……

生：理发店门上张贴着“修眉”，我就记住了“眉”字。大家跟我读……

生：我是刚刚在读课文时认识“斗”字的。大家跟我读……

师：小朋友真能干，生活中认识了那么多的字。我们再重点来读读记记剩下的这些还没认识的字。

【方法点化】

检测学生先知先觉的程度，调整教学的重点。

以上教学片断中设计的“你认识了哪些字”环节让教师很快地了解学生的学习情况，从而确定识字重点：哪些字可以一带而过？哪些字需要多费心思？

“你是怎么认识这些字的？”环节则调动了学生的生活积累，激发学生提前从生活中认识一些使用频率非常高、构词能力强的字。而学生当小老师请“大家跟我读”，又大大提高了生字的呈现机率，从而巩固认字成果。

【典型案例 4】

“取排名靠前的文章精讲”①

新教材的课文容量是 H 版老教材的两倍，而每周的教学课时却减少了。针对这种情况，我一直在不断探索大容量、快节奏以及有选择性的阅读教学方式。我的做法是：在进入一单元的教学之前，要求学生把整个单元的所有课文全部阅读一遍，同时布置两项作业：一项是本单元课文中，你最喜欢哪一篇？说出你喜欢的理由；第二项是本单元课文中，你希望教师精讲的文章是哪几篇(2～3 篇)？并就这几篇文章提出你的问题。

然后，我会用 1～2 课时让学生们交流阅读的感受，并充分肯定一些带有个性化的理解，让学生们在交流中进一步拓展对课文的解读，加深对这一个单元文章的理解。之后，我会把学生们选择要求精讲的文章进行统计、排队，取排名靠前的 2～3 篇文章进行精讲。在教学精讲篇目时，我把学生在预习中的问题进行归类总结，挑出其中学生们问得最多、最具有代表性的几个问题来组织课堂教学。这样做就大大地提高了课堂教学的针对性和时效性，让学生在宝贵的 40 分钟里理解了自己最需要解答的疑惑。让学生在教师教之前自主阅读、自主质疑，可以培养学生的独立阅读能力，这也符合主体性阅读的基本规律。

---

① 上海市崇明中学　谢剑伟

【方法点化】

根据学生先知先觉的排名,决定精讲的内容。

课堂点睛

▶"以教论教"VS"以学论教"

对白

【话题 1】:以本为本→以人为本

以本为本:知识中心→着眼知识状态→注重知识发展;

以人为本:学生中心→着眼认知状态→注重学生发展。

【话题 2】:以教定教→以学定教

以教定教:以教材现实设计教学→考虑"学生应知什么?"→教师带着教材同化学生;

以学定教:以学生现实设计教学→考虑"学生已知什么?"→教师带着学生造化教材。

【话题 3】:待教才学→未教先学

待教才学:学生在课上才可掀起知识的"盖头"→学生从"新"学习→教材是一种摆设,学生被动学习;

未教先学:学生在课前就可掀起知识的"盖头"→学生重"新"学习→教材是一种学材,学生主动学习。

喻言

"知己"与"知彼"

在战略战术上,知己知彼才能百战百胜!

在教学战术上,同样知己知彼才能百战百胜!

对教师而言,“知己”就是教师要清楚自己的教学个性与教学风格,“知彼”就是教师要深入研究教材的实际内容,更应该深入研究学生的实际情况;

对学生而言,“知己”就是学生要清楚自己的学习特点与学习特长,“知彼”就是学生要预先了解教师的教学风格,更应该预先了解教材的教学内容。

精点

未雨绸缪,创造迎接风雨和挑战风雨的良好环境和良好心境。

创新提示

小事造就天使①

一张纸条从张玲莉的作业本里飘了出来——我习惯了这样的“礼物”,微笑着拿起纸条,上面端端正正抄录着我们要学的课文《赤壁之战》的有关历史资料。

记得一年前,我刚接手这个班级,曾特意布置了专题预习作业,让学生从课外书籍或因特网上搜索资料,结果上交资料的不过数人而已。当时颇为失望,渐渐地也就淡忘了,不再让孩子如此作业。

大概一个月后,批改回家作业时,从叶梦玲同学的本子里掉出两张小纸条。我一愣,仔细看,哦,原来是孙膑的简历,洋洋数百言,两张小纸条上还画有可爱的动漫,精制而小巧。

我突发奇想,何不在班级说说这件事?于是,一次上课前,我介绍了叶梦玲的摘录,末了告诉大家:“这是我本学期见到的最美的纸条!”学生掌声雷鸣。

我没有想到,从此之后,学生不时送来这样的纸条,或夹在作业本里,或直接放在我办公桌上。当我拿着这些纸条走进课堂,孩子们总是显得特别的关注。渐渐地,不少孩子都养成了查找资料的习惯。在孩子们的感染下,我也经常把自己积累和搜索来的资料打印出来。

读着孩子的纸条,我突然想起了德雷莎修女的一句话:“我们无法在人间做大事,我们只能用大爱来做小事。”

天使就是由小事造就而来的啊!

---

① 上海市松江区中山小学　谈永康

新课程教师流行用语十二

流行用语

▶"请你自己选择内容（方法……）进行学习（探究、解答……）。"

【典型案例1】

语文识字

学习"翻、湖、交、贵、茂、努、架、塑、登、岛"十个生字，有的学生从最好认、最好记的着手，先易后难；有的学生从最难认、最难写的着手，先难后易；有的联系上下文，到语言环境中去理解、掌握；有的通过组词、造句的形式去理解……

【方法点化】

自由选择识字方法，迎合学生擅长特质。

【典型案例2】

语文《月光曲》

上课的铃声响了。我刚迈进门槛就发现李静波高高地举着手，我连忙问："有什么事吗？"

"徐老师，今天是不是上《月光曲》？"

“是呀。你对学这篇课文有什么建议吗?”

“徐老师,我认为我们上课可以改变一下方法,不要总是从头到尾读读、画画、想想、说说,让人学腻了。”

哇,敢跟老师抬杠!这小子又有什么新花招?我连忙问:“那你有什么具体的建议?”

“我认为学这篇课文可以让我们听一听音乐《月光曲》,因为我想这一定是首非常好的乐曲。”

我早就预设在课上借助《月光曲》的美妙音乐,让学生边听音乐边反复诵读,感悟贝多芬所要表达的思想感情。所以,李静波的提议正中下怀。可是,陈思静大声叫起来:“不行,那不成音乐课了吗?”这时其他同学也激动起来了,有的支持,有的反对,平静的教室一下乱了起来。

我连忙发表自己的意见:“同学们,老师认为我们不必在是否听音乐上争论不休,学习的方法是多种多样的,可以各抒己见。但是有一个前提,不可以偏离课文,不可以丢失语文的本性。同学们先读读课文,然后再来决定是否要听《月光曲》,并说说你的理由。好吗?5分钟后我们再来讨论。”

学生接受了我的建议,开始翻开课文读了起来。5分钟后,又一次讨论开始了,同学纷纷发表自己的看法:

“我觉得该听,因为这篇课文写的就是谱写《月光曲》的传说故事。”

“课文中有一段写皮鞋匠听着音乐产生联想的描写。我也想听一听,想一想,是否也能望见那优美的月亮、汹涌的大海。”

“我还是不同意听,因为文章不读懂,音乐也是听不懂的。”

我说道:“同学们,只有读懂了文章才能听出音乐所抒发的情感,而听了音乐才能更加理解课文的内涵。你们说是吗?”我的又一次折中得到了大家的赞同。

“那么,接下来,我们就一起再细细地读读课文,找出贝多芬为什么会创作《月光曲》的有关内容,把课文学深学透。”

同学们默读、思考、讨论,重点学习了兄妹俩的对话及盲姑娘听完贝多芬亲自为她弹奏的曲子后发出感叹的句子,初步体会到贝多芬由感动、惊讶、气愤乃至升华为激动情感的变化。

这时候,学生已不像刚才那般激动,而是十分冷静,仿佛也已走近了盲姑娘,走近了贝多芬。“同学们,贝多芬听了盲姑娘的话,再也抑制不住内心的激动,坐到钢琴前弹了起来。”我一边动情地说,一边播放早就准备好的课件。

教室里响起了钢琴曲《月光曲》，屏幕上出现无边无际的大海，海面上月亮冉冉上升，再配以深情的朗读。这美妙的旋律、优美的语句仿佛把学生带到了大海边。看着那一张张凝神注目的小脸，我知道他们被《月光曲》陶醉了。

听完乐曲，我又不失时机地让学生谈谈自己的体会，一曲激起千般情——

一位女生说："我感受到音乐中流露出贝多芬先生对穷兄妹俩的同情和关心。"

"贝多芬通过音乐让穷兄妹俩享受到音乐给他们带来的快乐，告诉他们世界上还有像音乐这么美好的东西。"另一位女同学若有所思地说。

这时，班内的"小博士"说："我通过查资料了解到，贝多芬出身贫寒，虽然他后来成为了音乐家，但仍被贵族瞧不起，所以他将音乐作为武器，同那个黑暗的世界进行抗争。他想告诉穷兄妹俩：生活上的贫穷并不可怕，可怕的是精神上的贫穷。这个世界人人都应该平等，要勇敢面对欺压人的社会。"

这堂课虽然结束了，可我和学生一样，都感到意犹未尽。

【方法点化】

自由选择教学程序，提升学生参与品质。

【典型案例 3】

数学"多位数乘一位数"

教师呈现一组计算题：

123×3	637×8	504×6
214×2	389×7	207×9

师：请从上面六道题中任选三题计算。

有的学生选了简单的做，如"123×3、214×2、504×6"这样三题，这样就没有完全达成练习的功效：这一组习题是有一定结构的，即每道习题分别承载了"不进位、中间有 0、连续进位"等不同的练习功能。

【问题点击】

让学生自选练习对象，降低了习题设置的层次性

一般来说，在知识探究形成阶段，"同一材料的集体共同研究"更有利于数学交流与思维参与，更有利于教师主导作用的发挥。在这个阶段，即使不完全是相

同的材料，也应该是相对集中的材料，“统一”的过程可以是教师提供材料，也可以是学生提供材料。而在拓展理解、丰富例证、知识运用、巩固技能等阶段，则可以适时采用“自选”的方式，这样学生可以用自己喜欢的方式学习。

【典型案例4】

语文《两块银元》

师：我们都已预习过《两块银元》这篇课文，大家觉得还需要老师讲些什么？

生1：我都懂了，不需要再讲什么。

生2：我想知道什么是银元。

生3：银元是怎么来的？

生4：一块银元合多少人民币？

师：大家都想了解这些问题吗？

生：对！

师：对于第一个问题，老师可以帮助你们解决，因为老师身边正好有一块银元。（老师拿出银元，通过投影仪向全班同学展示）

师：对于第二、第三两个问题，老师也没有把握做出正确回答。但是，老师可以和大家一起商量出解决问题的办法。

经师生讨论、商量，最后形成了解决问题的方案：一是到阅览室查阅资料或上网查询；二是某某同学的父亲在银行工作，给他打个电话就可以了解银元与人民币的比值。学生按照方案分头行动，并圆满地解决了问题。

【问题点击】

让学生自选讲解问题，降低了教材文本的思想性

这堂课的整个教学过程主要是兴师动众、费时费力去弄清学生提出的问题展开的，对话过程完全是随意生成的，丢掉了语文的本性。语文教学的过程应该是引导学生体验、发现、感悟文本语言文字之美、作者情感之美、文章意境之美的过程。

比较用语

►"请你根据老师提供（归总、建议……）的材料进行学习（探究、解答……）。"

【典型案例1】

数学"长方形、正方形面积计算"

教师为学生提供8个1平方厘米的小正方形，并依次出示如下4个长方形，1号图：长4，宽2；2号图：长6，宽3；3号图：长8，宽3；4号图：长12，宽10（单位：厘米）。引导学生借助手中的8个小正方形，通过摆一摆得出长方形的面积。

1号图形：学生很快通过摆一摆，得出它的面积是8平方厘米。

2号图形：学生先觉得小正方形不够用，但通过积极思考，他们想出"只摆1排和1列"，同样顺利解决问题。

3号图形：学生再度遇到问题，8个小正方形只够摆一排，怎么办？受上一问题解决策略的启发，他们想出"摆完1排8个后，从中借3个再摆成1列"，从而同样巧妙解决问题。

4号图形：8个小正方形无论是摆1排还是1列都不够，怎么办？最终通过积极思考，他们从实物操作中摆脱出来，借助"想一想"，解决了问题。

四个问题恰好是四个不同层次，每一个层次的推进，都在无声地导引学生将思维从实物操作向表象操作再向算法操作过渡，从而在探索活动中完成对算法意义的建构。

【方法点化】

循循善诱，让学生思维更深入。

【典型案例2】

数学"三角形三边关系"

学习材料选择方式一——

1. 创设情境：王师傅想钉一个三角形木架子，他已经找到了3厘米和7厘米长的两根木条。他找的第三根木条长几厘米,就能围成一个三角形?

2. 请学生先用小棒试着搭一搭三角形,研究哪些长度的小棒能与3厘米、7厘米长的小棒组成一个三角形,哪些长度的小棒不能组成一个三角形,并记录下来,找一找有什么规律。

3. 学生活动:操作、记录、交流。

4. 引导学生观察、分析,初步发现规律。

5. 同桌两位学生一人画一个三角形,另外一人任选三根小棒搭一个三角形。然后算一算,进一步研究三角形的三边关系,验证初步发现的规律。

6. 小结归纳结论,引导学生用字母表示。

学习材料选择方式二——

1. 请学生从2厘米、3厘米、4厘米、6厘米、8厘米5根小棒中选3根搭三角形,并利用表格计算、分析、比较三条边的关系。

2. 学生活动,操作探究。用3根小棒摆三角形,并把结果填在下面的记录表中。

	三条边的长度(厘米)	算一算,比一比(三条边的关系)
能组成三角形	2、3、4	2+3>4,2+4>3,3+4>2
不能组成三角形		

3. 初步反馈结果。

4. 小组交流,说说发现了什么规律。

5. 全班交流,由小组代表交流发现的结论,并举例说明结论。

6. 小结归纳结论,引导学生用字母表示。

【方法点化】

定活结合,让学生探究更顺利。

案例中,"选择方式一"中的学习材料数学结构化程度更高一些,学生只要考虑第三边是几厘米,这样比较集中的选材方式有利于学生发现三边关系。但对于理解三边关系,这样的学习材料的丰富性还不够,教师又设计了让学生“自选”材料进一步研究的方式,让每一位学生搭或画一个三角形并计算三边关系。

“选择方式二”中的学习材料的选择也是“统一”的方式,只是学习材料更丰富。但由于学习材料的开放度大,一部分学生可能会无所适从,教师又为学生设计了“研究记录表”作为“脚手架”。

【典型案例3】

数学“除数是三位数的除法”

在第七册“除数是三位数的除法”练习课时,学生进行独立作业。

生:老师,第5题“张叔叔天天坚持锻炼身体,十月份每天跑800米,如果十一月份每天跑1200米,十一月份比十月份多跑多少米?”中10月份有几天,11月份有几天?(**别的学生也提出了类似的问题**)

师:不知道怎么办?

生:我们可以查日历,可我们没有日历。

师:请同学们等我一分钟,我到办公室里去拿日历。(**我知道直接告诉学生答案,不如拿日历让他们自己去找答案,顺便我拿了一本第八册数学书,回到教室里把日历发给学生**)

师:下面我们先来研究日历,这也是第八册数学第一单元要学习的内容,看看你们能学会吗?(**教师出示第八册数学书给学生看**)请每位同学了解一下每个月的天数,你有什么想说的?

生:我发现一月、三月、五月、七月、八月、十月、十二月,每月是31天,四月、六月、九月、十一月,每个月是30天,二月只有28天。

师:每月是31天的月份,称为大月,每月是30天的月份,称为小月,而二月只有28天,是一个特殊情况。

师:现在请同学们不看日历,老师报月份,你们报每个月的天数。

……

师:看来,大家不看日历,还是记不住每月有几天,谁有好办法?

生:只要伸出拳头,拳头上凸出的是大月,凹下的是小月,二月特殊情况另外处理。这是我爸爸教我的。

师:请同学们看着这位同学在拳头上数,并对照日历,看看他的方法是否正确。

……

【方法点化】

随机应变,让学生的需要更迫切。

【典型案例 4】

语文《狐假虎威》

一位教师在教学《狐假虎威》将近尾声时,提问:“狐狸借着老虎的威风,吓跑了百兽。在现实生活中,你见过与之类似的现象吗?”始料未及,学生在回答中发生了争执,两生各执一词。

生 1:我经历过。有一次,我遇到了坏蛋,他们要欺负我,我就对他们说,“我爸爸是警察”,结果,这些坏蛋就不敢再欺负我了。(得意地)我觉得我有点狐假虎威。

生 2:我觉得他说得不对。“狐假虎威”好像是说坏人的。

生 1:不会吧!“狐假虎威”是说狐狸很聪明,不信你问老师。

师:(生 1)同学说狐狸很聪明,狐狸聪明吗?请大家再读课文然后发表意见。(同学读书、思考后,各抒己见)

师:是呀,狐狸是聪明。它身上表现出来的是一种过人的胆识和非凡的谋略,这正是我们要向他学习的。我希望同学们在困难和危险面前,都能像这只狐狸一样机智勇敢、应对自如。大家都喜欢狐狸,可是生 2 同学却说,“狐假虎威”是说坏人,真是这样吗?我们来讨论一下。(学生在短暂的沉默后,开始了激烈的讨论)

师:是的,狐狸借助老虎的威风吓跑了百兽,只是为了保护自己,它是对的。现实生活中,有人借助别人的威风干好事或者和狐狸一样只是为了保护自己,这是一种好的策略,像钟××同学就属于这一种。但也有人借助别人的威风干坏事的,这样的人和事是应该批评的。大家觉得我们现在说“狐假虎威”这个成语应该指哪一种现象呢?

生(异口同声):第二种。

【方法点化】

及时引导,让学生理解更正确。

课堂点睛

▶"自主学习"VS"指导学习"

对白

【话题1】:教师作主→学生自主

传统教学:教师包办"婚姻"=一样的教学内容+一样的教学方法+一样的教学生成+一样的教学处理+一样的教学训练+一样的……=学生跟着教师唱"同"一首歌=一样的表情+一样的语言+一样的动作+一样的理解+一样的感想+一样的……

新课程教学:学生自由"恋爱"=多样的表情+多样的语言+多样的动作+多样的理解+多样的感想+多样的……=教师伴着学生"同"唱一首歌=多样的教学内容+多样的教学方法+多样的教学生成+多样的教学处理+多样的教学训练+多样的……

【话题2】:学生主导→教师指导

∵学生的经验还不丰富——容易造成视野的"近视",
学生的学问还不丰厚——容易造成知识的"短路",
学生的个性还不丰满——容易造成情感的"冲动",
……

∴教学过程中需要教师"该出手时就出手":
学生"大难"之处——教师在旁边"扶一扶",
学生"中难"之处——教师在前边"引一引",
学生"小难"之处——教师在后边"推一推"。

【话题3】:个体确定→集体议定

∵教学=教+学,
教是为了学,
教是为了不教。

∴教学是教师与学生共同的事业。

∴教师要多与学生商议教学→看看学生的“心情”＋听听学生的“心愿”＋想想学生的“心思”——看看文本的内容＋听听文本的解释＋想想文本的思想→议定一条“两情相悦”的教学之路→“军功章啊，有你的一半，也有我的一半”。

喻言

计划经济与市场经济

计划经济的按部就班、按章办事造成了环境的封闭、制度的呆板、关系的紧张、人心的消沉，生活面貌和生活质量难以得到很好的改观。

市场经济的见风使舵、见机行事形成了环境的开放、制度的灵活、关系的协调、人心的活跃，生活面貌和生活质量得到了较大的改观。

但是，市场经济也容易导致盲目与无序，例如投资过热、通货膨胀，从而迷乱或迷失发展的方向和方法。所以，市场经济不等于随波逐流、放任自流，它同样需要必要和及时的宏观调控和微观调节，以保证它能一直行进在正常的发展轨道上。

教育教学中，自主学习和指导学习的关系莫过于此。

精点

在人情的“心意”与文理的“本意”的天平上，“情理相通”是其“满意”的平衡点。

创新设计

妙用“插曲”

常州有个“中华恐龙园”，大多数学生都不止一次地去过，买回来形态各异、栩栩如生的许多恐龙及恐龙蛋模型。学生们平时又经常从《蓝猫淘气三千问》等动画片以及课外书中涉猎有关恐龙的知识。

有位教师在执教《恐龙》这篇课文时，根据学生课前知识储备丰富的特点，在揭题导入时先让学生自己谈谈对恐龙的了解。学生海阔天空，讨论异常热烈，他们对恐龙的了解远远胜过了老师，介绍的好多种类的恐龙老师甚至闻所未闻。此时再让学生去阅读课文，学生仍然沉浸在讨论中意犹未尽，好不容易回过神来读课文了，却觉得课文没有他们自己的了解那么丰富多彩，反倒显得有些索然无味了。

上例说明，学生课前掌握资料的多少与课堂教学效果的好坏不一定成正比。俗话说“上山容易下山难”，而课程资源恰恰是“开发容易利用难”呀！

学生课前掌握的有关知识，为什么非但不能在课堂上得到很好的拓展运用，反而起到了削弱课文文字魅力的反作用，使课堂教学陷入“为资源所累”的尴尬境地呢？细究起来，其实是因为老师没有好好地思考资源利用与学习文本的关系，同时也忽视了课程资源的内容取舍、出现时机的把握以及如何进行检测反馈等问题。

上例，假如老师不是在揭题导入时，学生尚未正式接触文本的情况下就开始交流资源，而是能立足文本，依据不同的教学目标把丰富的课程资源分别安插在三个不同的时段，那么，已经开发的课程资源将会在课堂上发挥最大限度的利用价值。

资源在第一个时段的利用可以安排在学完第 2 小节之后：学生了解了 4 种恐龙千奇百怪的形态，此时，可让学生摆放出事先带来的恐龙模型，模仿书上第 2 小节的叙述方式介绍一下自己带来的恐龙。课后还可以选择一两种进行一次小练笔。这样做，很好地利用课程资源培养了学生的表达能力，巧妙地实现了学用结合、读写迁移。

资源在第二个时段的利用可以安排在学完课文之后：课文最后一节说“恐龙突然在 6500 万年以前神秘地消失了，人类至今尚未解开这个谜团”。其实，科学界对于恐龙突然消失的原因有着多种多样的假设，这时就可以让学生拿出课前搜集的相关资料进行交流探讨了。这样做，不仅利用文本空白使学生增长了见识、开阔了眼界，而且使他们认识到同一现象可以从不同的角度追根溯源，培养了学生从小勇于探索的科学精神和志趣。

资源在第三个时段的利用可以安排在综合实践活动课上：让学生小组合作办一期介绍恐龙的知识小报，可以配上图片资料进行文字说明。这种由语文课本延伸出研究主题的综合实践活动，既使学生复习巩固了课内外掌握的知识并加以综合运用，又培养了学生动手动脑的操作技能，还提高了学生团结协作的意识与能力。

新课程教师流行用语十三

流行用语

"说(读、写、做……)错,没关系。再来一次!"

【典型案例 1】

语文《认识"仪"字》①

师:同学们,你们怎么记住"仪"字啊?

生:"不'人'不义"就是"仪"。

师:"不'人'不义"怎么就是"仪"呢?你能再说得清楚些吗?

生:"人"和"义"组合成一个"仪"。

师:小脑筋动一动,你刚才说的"'不"人"不义'就是'仪'",我们怎样说会更恰当些呢?

生:"有'人'有义"就是"仪"。

师:真聪明!如果一个人有仁有义,我们才会觉得他具有最好的仪表、仪容啊!

---

① 浙江嘉善县实验小学　杨顺珍

【方法点化】

一次认识错误，将课堂引向精彩。

【典型案例2】

语文《第八次》[①]

薛老师出示一组课文的词语，请学生朗读：正在结网、丝断了、网破了、重新、扯起细丝、再次结网、并不灰心、从头干起、终于。

薛老师指出这组词语没有生字，只是提醒“结网”的“结”要读第一声，不读第二声。接着请了一男生来朗读，学生读得有点磕绊，节奏比较慢。

师：我听得出你读得正确，但是没有信心，要充满信心，相信自己能行！再读一次，读得快一些，声音要响亮，身体要站直，行吗？（男生挺直了腰，放声再读了一次。这次读得顺畅多了，节奏也快了些）

师：第二次比第一次读得好。再读第三次，声音响亮，口齿清楚，行吗？（男生又读了第三次，这次读基本达到了老师提出的要求）

师：你读了几次？

生：三次。

师：如果让你读第四次，不看上面的词语，会读吗？（学生为难地摇了摇头）

师：看来有点难度。（对着全班学生）大家读书的时候，每读一遍，不但要读正确，还要把所读的词语记在脑海里，这叫会读书。（师要求全班各自读一读，一边读一边记）

师接着提问：你们发现这组词有什么特点？

一女生：这组词都是写蜘蛛结网的过程。

师：你说得对，请你把这句话再说一遍，里面有一个字音读错了。（女生再说了一遍，把读错的“结网”的“结”的声调更正过来）

薛老师满意地说：很好，要自己学着改正自己的错误。

接着，薛老师利用这些词语引导学生学习概括课文的主要故事内容。

【方法点化】

多次进修机会，让学生自我完善。

---

① 广东省广州市越秀区教育局教研室　黄莉莉

老师们通常只会给学生一次机会，无论是答问题还是读课文，不管是好是坏，是对是错，机会就一次，若要补充、修正、完善，一般会找别的同学来代替。而薛老师却给同一个学生多次机会。这位男生前后读了三次，老师的要求一次比一次高，男生的朗读也一次比一次好。那位女生读错了音，可以重读一次，自我纠正。在这个过程中，老师的“学法指导——多读多想，内化积累；还有学习的要求——自己学着改正错误”，就在个别辅导的同时自然而然地传递给全体学生。

【典型案例 3】

数学“除数是小数的除法”

“除数是小数的除法”的巩固练习环节，教师要求一名学习程度中等的学生上黑板演算 59.85÷3.5。学生经过一番思考，完成了计算。（算式 1）

老师见学生做得不对，就对他说：“请你认真检查一下计算是否正确。”

学生听老师这样说，知道做得不对，立即把刚才做的算式擦掉，重新开始计算。过了一会儿，又完成了计算。（算式 2）

老师看到学生还是做得不对，又提醒他说：“再想想，刚才老师是怎么讲的？”

学生一听，知道又做错了，赶紧擦掉算式，手忙脚乱地重新计算起来。过了大约四五分钟，又做好了。（算式 3）

老师一看，这一次学生的计算错得更加离谱，不禁有些生气，就加重了语气，略带责备地说：“刚才老师讲例题时说过，除数是小数的除法，要把除数和被除数同时扩大 10 倍、100 倍、1000 倍，把除数是小数的除法转化成除数是整数的除法进行计算。你再看看你的计算，到底错在哪儿？”

学生竖着耳朵，仔细听老师的话，生怕漏了一个字，然后又开始计算。这一回，由于有了老师的启发，学生没费多少时间就做好了。（算式 4）

171	1.71	1.071	17.1
35⟌5985	35⟌59.85	3.5⟌59.85	35⟌598.5
35	35	35	35
248	24 8	24 8	248
245	24 5	24 5	245
35	35	35	35
35	35	35	35
0	0	0	0
（算式 1）	（算式 2）	（算式 3）	（算式 4）

老师看到学生终于做对了，心情很高兴，随口说道：“你再说一说，你为什么

这样算？通过计算，你有什么收获？"听到老师要他说一说为什么这样做，这位学生以为自己又做错了，不等老师的话说完，赶紧把刚才的算式擦掉……

【问题点击】

莫名其妙的追问，让学生成为惊弓之鸟

追问，是教师对学生答问结果中表现出来的问题的一种有效处理方式，是对学生回答的进一步提问。追问运用得当，对于学生明确自己的想法，提高学生思维活动的完整性、准确度，建立自己的认知结构具有独特的价值。

反思小学数学课堂教学，许多教师习惯于对学生正确的回答予以表扬，而对不够完整或错误的回答予以追问，从而导致了学生一遇到老师追问，就下意识地感到自己的想法或者错了，或者不够全面，或者不符合教师意图。

针对学生答问反馈的信息进行追问，引导学生探索和表达自己的想法，是增强课堂提问的有效性的一个重要环节，可以采用下面的方式：

1. 迟延评价。学生的思维活动有一个分析和综合的过程，教师对他们思维活动结果轻易表态或过早表态往往会压抑思维的展开，导致学生思维"终止"或浮于表面。教师要有耐心，显得沉着，让学生自由自在地、毫无拘束地、无所顾忌地积极进行思维活动。

2. 拨正思路。教师发现学生的回答偏离了问题的要求，回答得不够完整、全面或者有错误而需要追问的，教师应该指出其回答中的有价值和可接受的内容，进一步引导学生分析原因，激发思考。案例中，学生第一次计算错误就在于学生对除数是小数的除法的计算法则和除法中的商不变性质的理解上有些偏差，教师可以及时提示，可以免除这名学生许多的挫折和失败，提高教学时效。

3. 慎选对象。案例中教师抓住一名学生问个不停，注重了个体，忽视了全体，呈现出一名学生在勉为其难地唱独角戏，大部分学生无所事事地充当听众和观众的尴尬局面。因此，教师追问时，要竭力避免抓点弃面的现象，考虑学生的智力和学力水平，容易的问题追问一般学生，较难的问题追问优秀的学生。案例中，教师可以追问其他的学生：你认为这位同学的计算错在哪儿？你愿意当一回小老师，讲给这位同学听一听吗？

【典型案例 4】

语文《军神》①

教学《军神》时，我请男生小超读课文的第一自然段。由于学生第一次读，在读到“一位头缠绷带的年轻人走进了重庆城里一家德国人开的诊所”这句话时，把句子读破了。

此刻，我想到于永正老师的“第八次”的故事。于是我对小超说：“小超，没关系。这句话是个长句子，很难读。一遍读不好，还有第二遍、第三遍，请你再读一遍。好吗?”不知道是紧张还是别的原因，第二次虽然流畅一些，但是他又把“头”字漏掉了。就这样，这位学生一连读了五遍，都没读正确！他更着急了，我分明看到了他脑门上的汗珠。我拍拍小超的肩膀，说：“你吸一口气，放松一下，先在心里把这句话默读一遍，老师相信第六次你准能读好。”他这样做了，第六次终于成功了，读得既正确又流利，我和全班同学一起为他热烈鼓掌。

我的心里有说不出的高兴，为小超获得成功而高兴，也为自己教学中成功的“第六次”而欣喜。课后，听课的老师也说，这个环节与于永正的“第八次”有着异曲同工之妙，我还以《帮学生体验成功》为题写了一则教学反思。

可是几天后，当我看到小超的周记时，我再也高兴不起来。

小超在周记中写道：“……老师表扬了我，可是我却感到难为情。同学们都把掌声送给我，可我却高兴不起来。我读一句话竟然读了六次，真没面子!!!”透过这三个感叹号，我仿佛看到了小超的无奈，听到了小超的叹息。

【问题点击】

不厌其烦的追求，让学生倍受折磨之苦

多少时间以来，教师总是在课堂上不厌其烦地引导那些学习困难的学生读，耐心地等待平时缄默不语的学生回答问题……当他们面红耳赤、结结巴巴说出教师期待的答案时，教师心中往往充满了得意与欣喜。

静思默想一番，我们是否考虑了学生的感受。对有的学生来说，他们心中也许会心存感激，以此为起点走向新的成功，但对有的孩子来说，这恰恰是一种折磨。

---

① 江苏省溧阳市实验小学　朱华东

比较用语

▶"说(读、写、做……)错，没关系。可以慢慢想一想，也可以请同学(老师)帮一帮！"

【典型案例 1】

语文《小稻秧历险记》

于永正老师在教《小稻秧历险记》一文时有这样的一个环节——

"稻田里的毛毛雨下个不停。杂草有气无力地说：'完了，我们都……喘不过气来啦。'不一会儿，杂草纷纷倒了下去了。"

当于老师请一位学生读这部分内容的时候，这位学生读得铿锵有力，这显然是不符合课文情境的。此时于老师并没有马上纠正他的朗读，而是很风趣地说："看来我的药量还不够，再加一些除草剂！"同时配以动作。这样一来，那位学生很快就悟出了自己的不足。再次朗读课文的时候，果然放慢了语调，读出了杂草们的惊恐与绝望来。

【方法点化】

一次错误的抒情，一次体验的机会。

【典型案例 2】

语文《司马光》①

二年级下册《司马光》第五自然段："司马光没有慌，他举起一块石头，使劲砸那口缸，几下子就把缸砸破了。"由于印刷需要，"他举起一块"与"石头"分成了两行，结果试读课文时不少学生读成了："司马光没有慌，他举起一块大石头"，添上

① 山东省泗水县实验小学　朱红光

了一个“大”字。

这时，我告诉学生：“同学们，老师把这段读给你们听，你们仔细看书，听我读得怎么样，好吗?”学生齐声说好。接下来我读时，故意也添上了“大”字。我刚一读完，学生纷纷举手，“老师，你多读了一个‘大’字”。我说：“哪儿多了个‘大’字?”结果好多学生站起来把那句话读给我听，告诉我在哪儿多了个“大”字。此刻，我忽然想到还不能作罢，于是，我又装出满不在乎的样子，对学生说：“不就一个字嘛，何必在乎”。这一来，学生们猛然一愣，有的愕然地看着我，有的低头又看起了课文。

一会儿，一个女孩举手说：“就是不能加‘大’字，书上说司马光年龄小，他搬不动大石头。”“对，他搬不动大石头。”其他学生纷纷表示赞同。望着学生认真可爱的样子，我兴奋地对他们说：“同学们说得对，读书要字字入目，眼到、口到、心到，不然就会惹出笑话。”从此，学生读书时添字漏字的现象大大减少了。

【方法点化】

一次错误的朗读，一次比较的机会。

【典型案例 3】

数学“三角形内角和”

在探究得出三角形内角和是 180°后，有一道拓展练习题：“四边形的内角和是多少度?”学生独立思考后，有下面一段课堂对话——

生 1：四边形内角和是 360°。因为长方形四个内角都是直角，和是 360°。所以我猜想一般四边形内角和也是 360°。

师：他从特殊到一般，得出四边形内角和是 360°的猜想。大家能进一步说明为什么吗?

生 2：我在一个四边形里画一条线（展示她的画法，实际上是一条对角线），把它分成两个三角形，每个三角形内角和都是 180°，两个就是 360°。

师：大家同意她的意见吗?

学生们表示同意，正当我准备进行课堂小结时，一个学生站了起来，说了她的发现：“老师，我不同意刚才那个同学的意见，我认为她的方法是错的。我用她的方法试了试，在四边形里画两条这样的线，就分成四个三角形，内角和一共是 720°，多了 360°。”

她的一番解释，能简单地说她的发现是错的吗？怎样让大家理解这多出的

360°多在哪里呢？我把问题抛给了学生：这位同学很细心，发现画两条对角线就多出了360°。为什么会多出360°呢？请大家和这位同学一样，在四边形里画出两条对角线，仔细思考，分成的四个三角形内角和与原来四边形的内角和有什么关系？然后小组讨论。

讨论中同学们发现，多出360°是因为在对角线交点处，新增加了一个周角，周角恰好是360°。而这个周角不属于四边形的内角，在计算四边形内角和时，要减掉这多出来的360°。

【方法点化】

一次错误的发现，一次研究的机会。

【典型案例4】

数学“除数是小数的除法”

学完“除数是小数的除法”，打算上一节练习课。上课伊始，我在黑板上出了三道算式，让学生独立完成：672÷6.4、0.448÷5.6、2.1÷1.8。

做了一会儿，听到一些学生在小声议论。巡视时，一个学生说：“第三道题除不尽啊，题目出错了。”仔细一看，才发现把2.8抄成了1.8，现在改过来也不太好，因为很多学生开始做这道题了。

一个学生突然叫了起来：“这商后面狂是6。”大家听后一阵笑声，议论的同学更多了。这时，我拿定主意不再上练习课了，而是将错就错，直接上“循环小数”。因为在三个商的对比中，学生已自主发现了循环小数和它的特征。这是老师“错”出来的课程资源，比课本上安排一个算式引出循环小数要好。于是，我说：“大家比较这三个商有什么不同，第三个商后面为什么‘狂’是6呢？思考后和同桌交流你的发现。”……

【方法点化】

一次错误的板书，一次新授的机会。

课堂点睛

▶“视错为忌”VS“视错为宝”

对白

【话题 1】:禁止犯错→允许犯错

∵人世间:有正必有反→有对就有错。

∵学生可能:经验不足＋理解不深＋记忆不牢＋积累不多＋变通不活＋……

∴学生犯错是经常的事情,是平常的事情,是正常的事情。

∴教师应该允许学生犯错,但不应该允许学生无休止地犯相同的错误。

【话题 2】:一次犯错→多种改错

∵错误大多是由于学生的自身缺点或知识缺陷或人格缺失等造成的。

∴错误有时是比较复杂的、比较顽固的、比较敏感的。

∴教师要多给学生改错的机会——让学生可以一次改错,也可以多次改错;教师要多给学生改错的方法——让学生可以独立改错,也可以外援改错。

【话题 3】:消灭错误→利用错误

∵学生的缺点并不可怕,可怕的是学生没有特点;

学生的错误并不可怕,可怕的是学生没有错误。

∴当学生有了错误,教师不要大惊失色,因为错误也是一种生长激素——请正视错误;

当学生有了错误,教师不要赶尽杀绝,因为错误也是一种教学资源——请利用错误。

喻言

跌倒后先别急着爬起来

一个旅行者在行进的途中,突然决定改变原来的路线,打算抄近道前往目的地。没想到在他穿越那片看似平坦的草地时，没走几步，脚被什么东西绊了一下，摔了个跟头。他没在意，从草地上爬起来，揉了揉有点儿疼痛的膝盖，继续前行。但没走出几十米，又结结实实地跌了一跤。这一回，他没有急着站起来，而是躺在那儿，一边揉着受伤的腿，一边仔细打量着脚下的草地。

原来绊倒他的是一个草环。一种丛生的植物用疯长的、极柔韧的枝蔓编织的一个隐蔽的草环，在他跌倒的周围有很多这样的草环。行人稍不注意，就会绊跟头。他坐起来将目光再往前一延伸，不由大吃一惊，前方不远处，掩藏在繁花绿草间的竟是一片可怕的沼泽。

转到另一条安全的路上，他仍在庆幸刚才跌的那个跟头，更庆幸自己没有像第一次那样，急于爬起来赶路，而是细心地查清了使自己跌倒的原因。

事后，他听说，那个隐藏在草地深处的沼泽不久前刚吞噬了两个粗心的过路人。

精点

一个人，一辈子，一直不犯错，这不是人。错误是一个人，一辈子，一直进步的反光镜。

创新提示

“错”出一片精彩

“j、q、x 与 ü 的拼写规则”是一年级学生学习拼音必须掌握的一个重点内容，同时这个知识点也是拼音教学中的难点：一是学生在 ü 与 j、q、x 相拼时容易忘记省写 ü 上的两点；二是省掉两点后又将 ü 读成 u。针对上面的情况，在教学中我大致分为三个环节：

一、以错纠错，因势利导

首先我在黑板左边板书：j—i—ji、l—ü—lü、q—i—qi、n—ü—nü、x—i—xi。

学生复习拼读完后，我又在黑板右边接着板书：j—ü—jü、q—ü—qü、x—ü—xü。

刚写完，有几位学生发现问题了：“老师，你右边写错了。”我显出很吃惊的样子：“是吗？”转身往黑板一看，说：“噢，果然错了。”只见一部分学生议论开了，我想学生大概当时有这样几种心理状况：1. 你是老师还写错，真粗心！2. 老师写错了，我能给她指出来，我能当她的小老师了！3. 我觉得老师应该没错，但他们为什么说老师错了呢？

我认为，不管是哪一种心理状态，对吸引学生的注意力，启发学生的思维，调动学生学习的积极性都是十分有利的。待全班学生的注意力都集中到这个问题上时，我便抓住这一有利时机提出问题："你们说这是错的，理由是什么呢？"没等我提出讨论的要求，大家就主动讨论起来了："老师没错，n、l 与 ü 相拼时，就没去掉头上的两点。""j、q、x 与 i 在一起时，头上的那两点就没去掉。""如果去掉 ü 上的两点，就不是 ü 而是 u 了。""写错了，书上就是 ju—qu—xu。"……

"一石激起千层浪"。大家七嘴八舌，各抒己见，争论十分激烈，思维得到了激活。全班每个学生都参加了这个问题的思考与讨论，在争论中既巩固了前面所学的知识，又激发了对新问题的思考。

二、创编故事，突破难点

学生们经过一番激烈的争论，急需得到一个明确的结论。这时，我发言了："同学们，请大家安静，先听老师讲一个故事，听完之后，看老师到底有没有写错。"一听要讲故事，学生们个个全神贯注。

"一天，天气很热，j、q、x 三个小朋友打算去河里游泳。他们来到小河边，看见小 ü 戴着一顶上面还有两个小绒球的帽子在水面上跳来跳去呢！小 ü 很有礼貌，赶紧脱下帽子跟 j、q、x 打招呼问好。"

当我绘声绘色地讲完故事后，学生们抢着说："老师，就是你错了！"尤其是一开始就指出我错误的那几位学生的得意之情溢于言表。于是，我郑重宣布："谢谢你们为老师指出错误，现在老师知错就改。"当我改完后，教室里竟响起了一阵热烈的掌声。在如此宽松和谐的学习氛围中，学生既获得了新知，又潜移默化地培养了知错就改的学习习惯。

当学生意犹未尽时，为了巩固新知，我趁势问谁还能给 j、q、x 和 ü 编个故事。听说要编故事，大家更来劲了，个个争先恐后举起了手。

"有一个小朋友叫小 ü，今天他戴着一顶漂亮的帽子，在上学路上见到了他的三位老师 j、q、x，小 ü 赶紧迎上去，脱下帽子向老师敬礼问好。"

"j、q、x 三位小朋友很淘气，一天，他们到小 ü 家玩，见到小 ü 戴着一顶帽子，马上把小 ü 的帽子给摘下来了。"

我又趁热打铁，在总结 j、q、x 与 ü 相拼时省写 ü 上两点的规则后，强调读的规则，j、q、x 与 ü 相拼时 ü 上两点去掉后仍然读 ü，千万不能读 u。"有什么好办法能帮助我们记住呢？下面老师和你们进行比赛，”我先说，“j、q、x很淘气，只跟小ü在一起，从不和u一起玩。所以读ü不读u。”

我刚说完，有几位学生就迫不及待地说出了自己的方法，但都与我的方法比较雷同。经同学们讨论一致通过，老师获胜了。但争强好胜是小孩的天性，有几个小组突然围在一起，集体讨论起来，打算发挥集体的智慧战胜老师。不一会儿就派人发言了：“小鱼脱掉帽子后还是小鱼，没有变成乌鸦，所以读ü不读u。”

当时，我听得瞠目结舌，学生的发言出乎我的意料，学生身上闪出的智慧火花更令我兴奋不已！我诚恳地对他们说：“你们胜利了，老师输了。”

三、巧编顺口溜，加深记忆

“谁能把刚才的故事内容编成顺口溜牢牢地记住呢？”

学生的思维已经进入了高潮，他们展开想象的翅膀，加上我的适当点拨，几位学生脱口而出：“小ü小ü有礼貌，见了j、q、x就脱帽。”“小ü去掉帽子还读ü，不读u。”“j、q、x真淘气，从不和u在一起。见了小ü就欢喜，摘它帽子笑嘻嘻。”

全班学生已情不自禁，一边大声背诵顺口溜，一边还做起动作来，整个课堂活而不乱，有笑、有序、有效。

新课程教师流行用语十四

流行用语

"对提出的问题，请大家利用剩下(课后)时间自行研究。"

【典型案例1】

语文《山行》①

在教学《山行》这首诗时，我像往常一样通过谈话引入课文标题，然后介绍诗人、解诗题，接着让学生自学这首诗，并思考：诗人在什么季节游览山林，看到了什么，想到了什么，这首诗抒发了作者怎样的感情。在学生自学、同桌交流之际，我出示古诗。

在全班交流时，有一个学生问："老师，'白云生处有人家'的'生'为什么用这个'生'而不用'深浅'的'深'呢？"没想到这时另一个学生又举手说："老师，用'深浅'的'深'也可以，我在另一本书上看见过。"

这两种完全不同的意见，是我没想到的。于是我就把问题反抛给了学生。"是呀，大家想一想诗中为什么要用'生'呢？"大家各抒己见。经过一番激烈的争论，谁也说服不了谁。这个意外的环节使得这节课的教学任务没能如期完成，但是我想：这节课孩子们的收获比我预期的还要大，因为孩子们已经学会了分析，

---

① 江苏赣榆县实验小学　苗玲

能充分发表自己的见解了。

【方法点化】

课上出现的不同观点——学生课后的话题讨论。

【典型案例 2】

语文《面朝大海，春暖花开》

有位教师在执教海子的《面朝大海，春暖花开》时，让学生通过语言文字感受了海子诗歌的无穷魅力。十五岁上北大的海子祝福所有的人，而自己却在写这首诗后两个月到山海关卧轨自杀的事深深地震撼了学生，学生由理解作者这首诗的思想感情转换到对海子死因的探究。这位教师没有简单地告诉学生海子的死因，而是告诉他们课后可以去探究一下，或者查阅相关资料。

本来，对海子的资料，这位教师手上掌握得较丰富，但这位教师在设计时，就特意预埋了一个"生成点"，并将生成的过程延伸到课外。于是就有不少学生在课外去查阅相关资料、阅读有关书籍，并"自发"写成《海子之死》、《给海子的信》、《海子遇难记》、《攀登永恒》等文章。

【方法点化】

课上出现的空白内容——学生课后的资料查阅。

【典型案例 3】

语文综合实践活动

许多老师课堂上带着设计好的学习主题，对学生说得最多的一句话就是："大家可以到图书馆或是家里的课外书籍中去查寻，或是到网上去查询。"如此这样的语文综合实践活动布置，有名无实，形同虚设。请问，去哪一家图书馆？到什么样的书籍里找？上什么样的网站去查？有时候连老师自己都没有底，让孩子到茫茫书海中，到无边无际的网络世界中寻找，就好比大海捞针。于是，很多学生在无奈的情况下，只能依靠家长三言两语、胡编乱造地草草完成。有的老师只是为了"装饰"课尾布置这一活动，课后不闻不问。

【问题点击】

让学生课后研究，只是一种点缀

【典型案例 4】

数学“圆的周长”

教师启发学生猜想圆的周长与什么因素有关。有的同学说，与半径有关；有的同学说，与直径有关。可是有一个同学说：“圆的周长与半径和直径都有关，所以我想把半径与直径加起来，再来研究与周长的关系。”教师完全没有想到学生会这样回答。而他的教案中只设计了要么根据半径，发现周长与半径的关系，要么根据直径，发现周长与直径的关系。当时这位教师只好说：“你的想法挺独特的，不过我们就不在这节课上来研究了，你们可以课后自己研究。”

【问题点击】

让学生课后研究，只是一种应付

【典型案例 5】

数学“角的认识”①

当教师顺利完成课堂教学预设的目标“让学生认识了角的特征，发现了平面图形中边与角的关系”后，教师让学生动手操作。

师：现在请同学们用准备好的小棒、钉子板、橡皮筋等材料自己动手制作角。(学生立刻动手操作起来，教师巡视指导)

师：同学们，让我们进行一次“才艺展示”吧。

学生纷纷展示自己制作的角：有能活动的单个角、有三角形、有四边形、有用橡皮筋在钉子板上拉成的五角星……学生所展示的各种图形都在教师的课前预料之中。

突然，有一位女生兴奋地说道：“我跟××同学不一样，我也是用了 3 根小棒，可是我的图形有 5 个角”。(生用渴求的眼光望着老师)

师(愣了片刻)：那你说说你是如何拼的？(师有点不耐烦了)

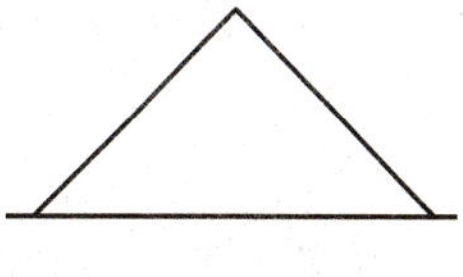

生在自己的座位上认真地比划一番后(如右图)，教师还是有点不明白，于是说道：“你的这种方法我们课后再讨

① 安徽省淮北市梅苑学校　王坤

论吧,”便立刻回到自己的教学设计中了。

【问题点击】

让学生课后研究,只是一种逃避

比较用语

▶“对提出的问题,请大家利用剩下(课后、下节课……)时间研究,然后说一说研究情况(交一份研究报告……),行吗?”

【典型案例1】

数学“摆一摆”①

在一次教学探究活动的课堂展示中,我上了“摆一摆”这一课。因为是实践活动课,我给了小朋友充分的时间进行小棒的拼摆活动。其中在“正方形的组合图形”教学中,当我出示图案要求学生“拿掉2根小棒,使它剩下3个小正方形”时,学生轻而易举地先摆后拿,而且方法多样,有些甚至是我在预设时所没想到的,我自然是欣喜万分。

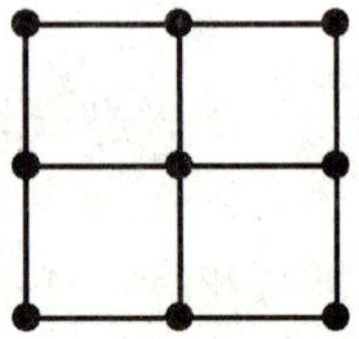

于是,我对小朋友说:“如果拿掉2根小棒,使它剩下2个正方形,想想这回又该拿掉哪两根呢?”这时,教室里一片沉寂,忽地,有小朋友说:“老师,我知道。”我长嘘一口气,随即让他上台来拿一拿。他碰碰这根,拿拿那根,就是不知该从何处下手。此时我也慌了,赶忙鼓励他们“再想想看”。于是,有凝神思索的,有抓耳挠腮的,有小声议论的。过了好一会,有学生小声嘀咕:“这怎么拿呀?”看着小朋友的反应,我的心犹如掉进了冰窟窿,但又不知如何是好,便对他们说:“这

① 浙江绍兴市灵芝镇中心小学　蔡凌燕

道题确实有点难，由于时间关系，请大家下课以后去商量一下，再摆摆小棒，看看能不能想出办法。”

课后，忽然想到我这些话会不会是“美丽的谎言”呢？我们的课堂教学应该教人求真，然而我却不自觉地、一不小心就说了假话。

忽地，我的脑中闪现出一个念头，是否可以这样：先提出要求“同样拿掉2根小棒，但使它变成一大一小两个正方形。可以吗？”再提示“先看看大正方形在哪里？”学生都能正确指出大正方形，自然而然这一问题就不那么复杂了。

第二次的教学证明了我的想法是可行的。看，只要多一句话，多一个词，多一份自然而巧妙的引导，问题就迎刃而解了，而我在当时却未能做到。

【方法点化】

亡羊补牢，为时不晚。

【典型案例2】

语文《三袋麦子》①

师（**略有疑惑地**）：小朋友们学到这儿，你们到底喜欢谁呢？谁来谈谈自己的看法？

生1（**自信地回答**）：我喜欢小猴，因为他非常聪明、能干！

师：你的观点很正确，真是会动脑筋呀！

师（**故意不解地问**）：只有小猴是令人称赞的吗？

生2：我喜欢小牛，因为他很节俭。

生3：我喜欢小猪，因为他憨厚可爱。

师：你们说得都很好！这三只小动物各有各的优点！

当我正暗自高兴学生读懂了课文，庆幸教学进展顺利时，教室里却出现了不和谐的声音——

生4（**高举小手，迫不及待地**）：老师，我觉得大家不应该喜欢小猪，因为他一下子就把麦子吃光了。在现实生活中，猪是那种得过且过、好吃懒做的人！

这时，很多小朋友笑了。我在一愣之余，笑着反问：“是吗？小猪不讨人喜欢吗？”“不！我们喜欢！”得到大多数学生的否定回答后。我就和和气气地请该生坐下，继续我预设的教学。而课后，这个不和谐的声音却一直使我忐忑不安。

---

① 江苏宜兴市周铁小学　朱云萍

反复想来，第四个学生的回答不正是“儿童文化”的外显吗？其他学生的真实思想中是不是也存在着这样的想法呢？我该如何利用这个因素，将其优化，促进学生的发展，而非简单地将其否定呢？

于是我对教材进行了再一次认真的钻研，在第二课时中就有了这样的对话——

师：上节课，有个小朋友认为小猪不值得称赞，是因为他当时就把麦子吃光了，这是好吃懒做的表现。我们来讨论一下，看看他说得是不是有道理。**（学生们七嘴八舌，议论纷纷，有赞同的，有不赞同的）**

师：请赞同的小朋友说说你从书上哪些地方看出小猪的憨厚可爱？**（学生皱起眉头，寻找依据）**

生5**（自信）**：文中“小猪看着黄灿灿的麦子，开心地喊”、“小猪好像又回味起馒头和烙饼的香味，不由得舔了舔舌头”都可以看出来！

师**（紧追不舍地问）**：喜欢小猪的小朋友能不能说说你的理由呢？

生6**（理直气壮地）**：小猪虽然有点贪吃，但是他也能干，因为他能做各种各样的食品。如果给我一袋麦子，我也一定会把它吃光的。

师**（点头表示赞同）**：那么请不赞同的小朋友说说你又是从什么地方看出小猪的做法不对呢？

生7：如果他是想一直尝到如此的美味，就不应该当时就吃了一袋麦子，所以我认为他的做法不对！

生8**（大声）**：老师，小猪的想法过于简单，所谓“未雨绸缪”，如果来年遇到了干旱或是洪涝，小猪吃光了麦种，它以后怎么活下去呀！

师**（激动）**：你们真聪明，读书仔细，又会动脑筋！是呀，各人都有各人的看法，只要是正确的，就应该大胆地发表自己的观点，说清理由！

【方法点化】

再续前缘，热度不减。

【典型案例3】

数学“能被9整除的数的特征”①

在学习了“能被9整除的数的特征”后，一位学生向我传递信息：他发现了

---

① 江苏省太仓市朱棣文小学　叶天荣

"一个数减去各位上数的和所得的差一定是9的倍数",例如128不能被9整除,但128－(1＋2＋8)所得的差117却是9的倍数,就是没有办法来说明其中的奥秘。

本着关注学生的需要,激发学生的探究欲望,我利用数学兴趣小组活动的时间组织讨论。在讨论中同学们列举了许多实例,集思广益,将收集到的信息进行整理,发现了两个规律性的现象:

1. 一个数若各位上的数的和被9除有余数,那么这个数减去余数所得的差必能被9整除。例如:128,(1＋2＋8)÷9＝1……2,(128－2)÷9＝14。

2. 两个数同时除以一个数所得的余数相同,那么这两个数的差一定是除数的倍数。例如:128÷9＝14……2,29÷9＝3……2,(128－29)÷9＝11。

把这两个现象进行逻辑上的整理,问题就明朗化了。即一个数除以9所得的余数与这个数各位上的数的和除以9的余数相同,再根据上述规律2可推出一个数减去各位上的数的和所得的差一定是9的倍数。

【方法点化】

藕断丝连,情思不断。

课堂点睛

▶"遗留问题"VS"研究课题"

对白

【话题1】:课内遗问→课后追问

∵课堂时间:∞,

学生疑问:∝,

教师学识:∞。

∴课内问题→"吃不了兜着走"→课后解决。

【话题 2】：课后追问→课后追究

∵课外的有效组织：↓，

课外的有效领导：↓，

课外的有效监督：↓。

∴教师重视→“让我千万次地问”→学生重行。

【话题 3】：课后追究→课题研究

∵问题研究的价值：↑，

问题研究的难度：↑，

问题研究的人数：↑。

∴复杂问题→“一个篱笆三个桩”→专门课题。

喻言

“研究研究”的研究

过去，国内有一种不正之风，政府办事机关人员对老百姓常说，“让我们再研究，研究”，它伤了好多人的心。因为这种“研究”常常是一种应付，更多的是在拖延时间，这种“研究”也常常是一种拒绝，更多的有着难言之隐，这种“研究”还常常是一种暗示，更多的意图索取回报……

上述常常的“研究”与长长的“研究”，不管何种，最终都可能让老百姓的希望“竹篮打水一场空”。最终，如此“研究”迟迟地“不兑现”或时时地“不兑现”，让老百姓终于明白了它大多是“空头支票”的代名词。

在教育教学中，千万别让“课后研究研究”成为掩盖缺陷、敷衍了事的败笔！

精点

要让“余音”依然“绕梁”，要让“回味”能够“无穷”，那就要让有困惑、有联系、有价值的东西不再“销声匿迹”。

创新提示

一项连续性的探究作业[①]

圆的面积是通过剪拼，把它转化成已学过的图形来推导面积公式的。在教学中，教师往往会抛出下面的问题：回忆一下，以前学过的平面图形的面积公式是什么，分别是怎么推导出来的？圆是否也可以转化成熟悉的平面图形推导面积公式呢？紧接着，教师要求学生将圆平均分成若干份，拼成一个近似的平行四边形。想象无限地分下去，可以拼成一个长方形，根据长方形的面积公式推导出圆的面积公式。

教师表面上是让学生动手操作、探究，实际上学生是完全按教师的思维来操作的，丝毫没有体现独立性与主动性。多数学生不知道圆可以转化成哪一种学过的图形，更想不到“化圆为方”、“化曲为直”的方法，探究活动也成了一次机械劳动。

究竟怎样让学生进行探究式学习呢？怎样让学生想到圆可以转化成学过的平面图形？怎样解决让学生体验到“做数学”的乐趣与课堂时间有限的两难问题？我突发奇想，安排了一项连续性的探究作业，动员家长参与，进行“圆的面积”教学铺垫。

第一天，教学“圆的认识”，我给学生留了家庭作业：画一个半径为 6 厘米的圆，你能将它平均分成几份呢？把每一份剪下来。第二天在学习小组中交流你的方法。

第二天，让学生交流家庭作业情况。学生将圆平均分成 4 份、8 份的比较多，平均分成 4 份的学生有的采用对折的方法，也有的采用在圆内画两条垂直的直径的方法，平均分成 8 份的学生基本采用对折的方法。

有两个学生没有沿着半径去等分圆，所以失败，好在科学研究的道路上总是充满荆棘。在同学的启发下，他们明确了等分圆时半径的重要性，修正了自己的做法。

---

① 江苏无锡市新区实验小学　钱科英

有一个学生将圆平均分成了36份。他说:“平均分成4份、8份每个人都会,老师不会布置这么简单的题目。于是,我想啊想,后来受量角器上刻度线的启发,先将半个圆分别平均分成18份,最后就把整个圆分成了36等份。”

有一个学生将圆平均分成了9份,他说:“我在做这个作业时,教初中数学的老爸激励我,将圆平均分成4份、8份、16份太简单,如果能平均分成5份、6份、9份那才了不起。老爸可是给我出了难题,我想破了头也没做出来,后来还是老爸帮我解了围。只要用360°除以平均分的份数,就得到每个角(圆心角)的度数,然后在圆内画一条半径,按照刚才的角度画出其他的半径就行了。”

家长的参与使本次家庭作业增色不少,学生的交流、思维的碰撞使作业的效能最大化。于是我趁热打铁,布置第二次作业:听了同学们等分圆的方法,相信你会有更多的启发,你愿意改进吗?画一个直径为14厘米的圆,将它平均分成若干份,把每一份剪下来,并把它们拼成其他图形。

第三天,我浏览了学生的作业,诚如所料,部分学生的作品粗制滥造,难登大雅之堂。当然也有耐心的学生,将这些小扇形拼成规则图形:有近似的长方形、平行四边形等。也有富有创造力的学生,将它们拼成想象画:如姜太公钓鱼、飞毛腿导弹等。这次,我没有组织交流,而是让学生自我评价,认为自己的作业有价值就张贴在“数学之家”,让大家欣赏。

我决定将这项探究性作业就此结束,“圆的面积”的教学铺垫也暂告一个段落,但我没有想到的是,这项作业引起学生前所未有的学习愿望和竞争意识,贴在“数学之家”的作品越来越多,也越来越精致,小扇形的边由毛糙变得光滑,图形拼接处的缝隙也越来越细小……

正式步入“圆的面积”的教学,可想而知,当我提出那个常规问题之后,学生的探究显得水到渠成。通过小组合作学习,学生运用多种途径推导出了圆的面积公式。

这项连续性的探究作业其实是对“圆的面积”教学的铺垫。通过这次实践,我对新课程倡导的探究性学习有了新的看法。

我们不能仅因为教学时间的问题而给学生提供现成的学具,让学生在课堂上扮演操作工的角色,这样的探究其实是枯燥乏味的机械接受。教师完全可以把探究活动看作一项连续性的作业,把学习的触角延伸到课堂之外。我们无需将新知的教学都限定在40分钟之内,无需把所有“传道、授业、解惑”的活动都挤压在课堂有限的时间里。

安排这一项连续性的探究作业,本来的目的仅是解决在教学中遇到的困惑,然而学生的作业反馈给了我许多惊喜，这些惊喜赋予探究活动更丰富的内涵。比如，在学习“圆的周长”一课时，那个将圆等分成36份的学生告诉大家一个“惊人发现”：“把圆平均分成36份，每份的曲线几乎变直了，要求圆的周长，只要量出一份曲线的长度，再乘36就行了”。他的回答博得了同学们的喝彩。再比如，那个受父亲的启发将圆等分成9份的学生在操作中自己学会了圆心角、画扇形等数学知识。

新课程教师流行用语十五

流行用语

▶“请欣赏(阅读)相关的一些背景资料(课外知识……)。”

【典型案例 1】

数学“圆的周长”①

教师在介绍圆周率的历史时,介绍了祖冲之,介绍了他的发现比欧洲人早一千多年,并详细介绍刘徽和祖冲之的“割圆术”,从内接正六边形、正十二边形,一直到内接正二万多边形,精确到每条边的长度仅为 0.4 毫米,最终计算出圆周率值在 3.1415926—3.1415927 之间,使学生深刻地感悟到中国古代科学家的聪明才智和严谨求实的治学态度。

【方法点化】

资料的介绍,让学生了解知识的源远流长。

① 北京海淀区中关村一小　牛献礼

【典型案例 2】

一道数学试题[①]

在我县六年级的数学抽测试卷中，填空题的最后一题是这样的："有一天乾隆皇帝请客，见一老人后，他想考一考纪晓岚，出了个上联：'花甲重开更加三七岁月'。纪晓岚应对：'古稀双庆又添一岁喜秋。'两人会心地哈哈大笑。请你列出一个综合算式算出这位老人的岁数是多少。"

笔者认为此题有如下价值：

1. 体现了学科整合的理念。题目中的对联在六年级语文教材第十二册的"积累应用"中，将语文与数学整合，打破了以往学科封闭的桎梏，既帮语文老师种了田，也没有荒废自己的数学园。

2. 能引导学生关注日常生活。此题的难点在于理解"花甲重开"、"古稀双庆"的含义，而日常生活中关于"花甲之年"、"古稀之年"之类的口语是屡见不鲜的，只不过大多数孩子听了觉得与己无关，没有往心里去罢了。通过此题的测试，将唤醒学生关注生活的意识，注意开阔视野。

【方法点化】

资料的融合，让学生沟通知识的相互联系。

【典型案例 3】

语文《"精彩极了"和"糟糕透了"》[②]

某教师执教《"精彩极了"和"糟糕透了"》一课。新课导入时，教师用深情优美的语句赞美母亲的慈爱。接着重点阅读课文第 1 至第 4 自然段，感受母亲浓浓的慈爱。第三步让学生研读课文，感受父亲深沉无言的爱，再让学生阅读课外阅读材料《父亲的爱》和《背影》，而后教师总结并板书："母亲：慈祥鼓励——外露直白；父亲：严厉批评——深沉无言。"最后在教师的激情小结后，音乐声中课件出示："爸爸（或妈妈），我想对您说……"由于时间关系，学生未作交流，教师向学生推荐《感悟母爱》和《感悟父爱》两本书。

这位教师根据自己的人生阅历、经验对文本做出了一些主观的感悟、理解并

---

① 江西永丰县教研室　王元运

② 浙江嘉善县实验小学　杨顺珍

传递给学生，于是有的学生“为赋新词强说愁”，为了“配合”教师，家有慈父或严母的学生只得张冠李戴，言不由衷，有的学生采取了保持沉默的折中策略，因而课堂便显得僵硬与苍白。试想最后那个环节时间允许的话，如果通过学生的交流，我们看到的都是严父慈母的形象，那真的是“糟糕透了”！

【问题点击】

资料引进的特殊性，导致学生的反常配合

【典型案例 4】

语文《识字 5》

教学苏教版语文第三册《识字 5》中“腊梅”一词时，老师出示腊梅的图片后说：“小朋友，你们看，腊梅美吗？”学生异口同声：“美。”老师指着“腊梅”一词说：“谁能美美地读一读呢？”指名数位学生朗读后，老师又说：“人们都很喜欢腊梅，还有人为它写了一首歌呢。让我们一起来听一听。”说完，老师播放歌曲《踏雪寻梅》(为了丰富学生对腊梅的认识，老师引进六年级音乐教材中的一首歌曲供大家欣赏)……可能听不懂歌词，学生一脸茫然地坐在那里。半分钟不到，歌曲结束了。

【问题点击】

资料引进的模糊性，导致学生的一脸茫然

【典型案例 5】

语文《黄山奇松》

师：“同学们，书上没有画出‘陪客松’的图，你们能不能根据书上的句子把它画出来？”学生齐说：“能。”于是，课堂上见到的都是学生忙碌的身影，有的埋头作画，有的向同学借水彩笔，有的转过脸来询问：哎，你怎么画的，让我看看……15分钟过去了。老师问：“同学们，画好了吗？”有的同学答：“画好了”，有的学生着急地说：“还没有，等一下。”这时，老师让画好的同学到前面展示自己的画，老师问：“画得怎么样？”同学们评价“画得很好”、“画得很像”，老师站在一边不停地赞叹：“真不错！”(这一活动共用了 20 分钟时间)

【问题点击】

资料引进的综合性,导致学生的移情别恋

适当地进行学科间的渗透和整合是必要的,但要有度。画"松"活动用了20分钟,对文本的学习有多大益处?小学语文教学需要学生多种形式的学习活动,这些活动要以语言文字训练为主线,而不是过多的非语文性学习,干扰学生对课文内容的感悟,削弱对语言文字的训练。小学语文教学应致力于学生语文素养的形成和发展,着重培养学生的语文实践能力这些语文本体性东西,不可捡了芝麻丢了西瓜。

比较用语

"分析了这些背景资料(课外知识……),让你想到了什么?"

【典型案例1】

生物"动物的运动"

教学"动物的运动"时,《生物学》新教材安排了"屈肘动作的产生"和"伸肘动作的产生"两张图片。图中标明:屈肘时,肱二头肌收缩,肱三头肌舒张;伸肘时,肱二头肌收缩,肱二头肌舒张。在教学中,学生往往望图生义,产生错误的认识:"一个动作只要有一块肌肉收缩和一块肌肉舒张就可以产生了。"

针对此情况,我做了适当的延伸:首先通过对对联的形式(即我说上句,学生说下句)说出:"笑一笑,十年少"、"眉头一皱,计上心来"吸引学生的注意力。在此基础上,我以"你知道吗"的形式补充如下数据:"一个微笑要同时牵动面部小肌肉17块;皱眉时牵动肌肉43块。"学生闻之,都发出了感叹声。趁此机会,我趁热打铁抛出问题:"知道了这两个数据,你会想到些什么呢?"从而引导学生从感性走向理性,在快乐中领悟知识的真谛。

【方法点化】

数据的说话，话出了学生对知识的正确认识。

【典型案例2】

语文《孙悟空三打白骨精》

师：课文说白骨精“诡计多端”。请大家想想，这白骨精，究竟施了哪些诡计？听你们老师说，你们前不久刚刚上了节“感悟三十六计”的综合实践课。请你用“三十六计”分析一下，白骨精施了哪些诡计？

生：我找出了她的“金蝉脱壳”计。“‘啪’的一声村姑倒地死去，可是倒地的只是白骨精的化身，她的真身却化为一缕轻烟逃跑了。”

生：我发现了“美人计”。“白骨精为了吃唐僧肉，变成一个村姑，提着一篮馒头，笑着向唐僧走来。”

生：我发现了“连环计”。“白骨精为了吃唐僧肉，差点丢了性命，她知道有孙悟空在，是吃不到唐僧肉的，决定再施诡计，让唐僧把孙悟空赶走。”

生：他还用了“离间计”和“苦肉计”。“白骨精扮成老头……我这条老命也和你拼了。”他用拼命的方式来离间唐僧师徒的关系。

生：他还用了“调虎离山”计。

师：这里的“虎”是谁？

生：孙悟空。

师：大家感悟得真好！请看大屏幕，老师将白骨精施的诡计归纳出来了：变村姑——美人计借尸还魂；化身逃——金蝉脱壳以假乱真；变婆子——连环计；变老儿——离间计调虎离山；喊救命——声东击西；说拼命——激将法苦肉计。

师：真是计中有计，环环相扣，计计相连，阴险之至。这就叫做——

生：诡计多端。

师：妖怪肯定没有读过《三十六计》，但是她的计策却暗合了《三十六计》，为了吃唐僧肉，她是费尽心机，绞尽脑汁啊，这就是——

生：诡计多端。

【方法点化】

计策的“勾兑”，“兑”出了学生对文章的全面解读。

【典型案例3】

美术"色彩的明度渐变"①

师:欣赏这些明度渐变方法制作的图例,从这些图例中你感受到了什么?能否用语言或身体动作来表示?

生1:有慢慢远去的感觉,好像还在往深处去。(双手慢慢从身边推向前方,表示纵深感)

生2:像音乐中的音符,从浅逐渐变深的颜色就像"1—2—3—4—5—6—7—i"(哼唱)。

生3:反过来从深逐渐变淡的颜色就是"i—7—6—5—4—3—2—1"。

师:下面我们来听段音乐,听听音乐中的节奏变化是否与美术中的明度渐变相通?(播放从轻到重的一段打击乐曲,并随音乐出示从淡到深的一组颜色)

生4:还可以用击掌的声音高低来表示其中的变化。从淡到深的颜色渐变就可以从轻到重地击掌。(试击掌)

师:真不错!我们一起来试一试,颜色从深逐渐变淡的感觉,可以击掌,也可以敲桌子或敲其它物体。(全班学生一齐从重到轻地击掌或敲击物体)

【方法点化】

节奏的互动,动出了学生对色彩的想象空间。

【典型案例4】

语文《游园不值》

教学古诗,不能仅仅停留在课内的一首古诗上,延伸出的内容往往更容易使学生产生共鸣。课上,我出示贾岛的两首诗,一首是《寻隐者不遇》,同时引出那些与"不遇"相关的古诗和古文,进行同步组合;另一首是《题李凝幽居》,引出"推敲"的典故,以让学生更好地理解《游园不值》的独特内涵。还有,移花接木,把陆游写杏花的两首诗以及《世说新语》中的《雪夜访戴不遇》的文章放进去,帮助学生提升对《游园不值》的内涵的深刻理解。

我选择了《让我们荡起双桨》和《渔舟唱晚》这两首音乐。前者让人感受春天的旋律,教学中,我引导学生把《游园不值》填进这个旋律中唱出来,让他们感受

---

① 江苏张家港市梁丰小学　毛晓璎

到古诗的旋律。后者让人体会到诗的古韵,让孩子找到古诗平仄的语感,然后,在进一步理解诗意的基础上,用音乐的节奏诵读。

另外,我努力用手势“指挥”与肢体语言配合教学,让学生感受古诗文的美。当第二次配乐学生再读的时候,我以无声的肢体“语言”作引导,孩子们朗朗地美读起来。也许,你会发现,这次是孩子们唱出来的!

【方法点化】

内容的整合,合出了学生对诗歌的深刻理解。

课堂点睛

►“资料内引”VS“资料外调”

对白

【话题1】:课本知识→课外知识

∵教材的编排容量是有限的;

课堂的教学时间是有限的。

而:知识的自身发展是无限的;

学生的自身潜能是无限的。

∴在有限的教学内容和有限的教学空间内,适时、适量地融汇一些无限的知识资料:课内充实、课外延伸

→让学生清楚知识的来龙去脉,感觉“进一步,海阔天空”。

【话题2】:学科本位→学科综合

∵课程发展史:知识综合→知识分类→学科分类→学科综合。

∴学科之间是可以跨越边界的;

知识之间是可以相互联姻的。

∴在封闭的学科体系和独立的学科知识内,适时、适量地串联一些其他的学科知识:他为我用、洋为中用

→让学生领略知识的旁征博引,感觉“外面的世界很精彩”。

【话题 3】:资料引进→资料引用

∵资料引进≠资料引用

例如:“资料内引”中可能出现的不良现象——蜻蜓点水

→给学生的感觉:“来也匆匆,去也匆匆”→易造成的后果:学生停留于知识表面——浅尝辄止;

又如:“资料外调”中可能出现的不良现象——喧宾夺主

→给学生的感觉:“来也汹汹,去也汹汹”→易造成的后果:学生迷恋于知识外围——移情别恋。

∵资料引用=资料配用

a. 广度——背景资源引用力求宽泛化。

1. 引用时间上的灵活性。(1)开头引用,唤起学习期待;(2)乘势插入,促进视野融合;(3)延伸拓展,扩大观察视野。

2. 链接主体的灵活性。(1)群体互动链接;(2)作者亲情链接。

b. 深度——背景资源引用力求立体化。

c. 温度——背景资源引用力求情感化。

∴教师只有引进资料——学生才能走近资料

→学生只有走进资料——教师才是引用资料。

喻言

一道不可能的题目

有这样一道题:“一位探险家向南走了 1 英里,然后折向东走了一段路,又向北走了 1 英里,结果他回到了原来的出发地,并遇上了一头熊。你说,他遇到的是头什么颜色的熊?”

初看起来,它既不像地理题,也不像数学题。如果仅从数学角度考虑,两次 90 度转弯后,显然不可能回到原地。然而,倘若我们再综合必要的地理知识,答案就显而易见了。两次 90 度转弯后能回到原地,一般的地方绝不可能,但在北极却是完全可能的,那熊自然也就是生活在北极的白熊了。在这里,数学和地理得到了跨学科的完美综合。

精点

催化剂虽是添加物,但决不是替代品。注意“乱花渐欲迷人眼”。

创新提示

“生命折线图”[①]

语文《海伦·凯勒》为我们记述了一个不屈不挠的强者形象。在结课之时，回顾总结对海伦·凯勒的一点感想，大多数同学都表达了对海伦·凯勒生命奋斗的一种敬佩，一种学习，其中一个叫史发军的同学的发言却与众不同：“海伦·凯勒生活经历是曲折的，就像我们数学中的统计折线。先是一岁前很正常，接着生了一场重病，双目失明，双耳失聪，而脾气暴躁了，后来，沙利文教师让她感受到了新的开始，再则……就是……知识……”(边说边比划着)

该生一直数学思维出众，但语言表达尚需提高。他卡壳了，说不下去，同学也不停地提示。此时的他一脸通红，低着头，时不时还瞄我几眼，眼神中带了几分期待，几分心知肚明而无法述说的忧郁。按常法，让学生补充就行了，但“数学的统计折线”却引起了我的注意。

于是，我走上前，轻轻地拍了拍他的肩，然后说：“同学们，他的表达你们懂了吗？你能和史发军一起来剖析海伦·凯勒的生命折线图吗？老师在黑板上定个生命的起点，大家来试试，好吗？”“好！”学生热情高涨。

学生忙开了，我请了史发军上台在黑板画。不久，其他学生也完成自己的“杰作”。

我对大家说：“同学们，你们用自己的笔勾勒出海伦·凯勒的生命历程，愿意为大家说说吗？愿意再听听史发军同学的讲解吗？”又是一个“好！”此时的他，多了一份从容，多了一份自豪感。我示意他拿着教棒讲解。

他指着自己的勾画图说：“今天，我给大家介绍的是海伦·凯勒的生命折线图。海伦·凯勒生活经历是曲折的，先是一岁前很正常，接着生了一场重病，双目失明，双耳失聪，而脾气暴躁了，后来，沙利文教师让她感受到了新的开始，于是她努力地汲取知识，知识也打开了她的视野，后来，又到盲哑学校学习说话，终于会说话了……后来，海伦·凯勒考上了大学，像沙利文老师一样，为更多和自

① 江苏省丹阳市横塘中心校　王永辉

己一样不幸的人服务……”

“也成了一个著名的不屈不挠的生活强者。”我补充道。教室里响起了一阵掌声。

我鼓励他:“感谢史发军同学的创意和精彩的演讲,那么你看了、听了之后,有什么启示呢?”

生:“我认为统计图中的折线处于最低部分时,我想那就应该是海伦·凯勒最困难、最需要的时候;而当那条折线开始慢慢上升时,那就是海伦·凯勒遇到沙利文教师时,那时的她又是幸运的。当海伦·凯勒努力学会说话时,那条折线也就有了新的高度,新的上升,我真为海伦·凯勒感到高兴。”

生:“海伦·凯勒从一个残疾人变成一个对国家有用的人才,如折线图上一样曲曲折折,一定有喜怒哀乐,但她是不屈不挠的强者,就是那句话:从哪里摔倒,就要从哪里爬起。就像《爱拼才会赢》里唱的一样……”

生:“图解中的‘大学’这个词在一个常人的心里都是一种渴望,更何况是在一个残疾人身上!与她比较,我的生活是充满幸福的,可我却没有她的坚强与自信,我常常抱怨自己的生活不够美好,这次……,我应该更加庆幸我拥有了幸福的生活。”

这完全出乎自己的设计意图。学生的发言是那么的精彩而真诚,铃声早已响过,原先准备的课堂作业没有布置,也显得不适合此时的学生,我便试着把主动权给了学生:“你们想完成什么作业,自己给自己出出看,不会出的,四人小组讨论一下。”学生个个惊奇、喜悦、欢呼。交上来的作业丰富多彩,各种类型都有,其中写读后感居多,并配有生命折线图……

新课程教师流行用语十六

流行用语

“如果表现好，老师给你加分（记分）。”

【典型案例 1】

“一次订正正确能加分”①

又要讲评练习卷了，我一边请学生把批好的练习卷发下去，一边思忖着：待会儿分析卷子时，怎样才能使每个学生都认真听讲。想到前几次练习卷讲评完毕后，不少学生订正依然出错，有的学生同一道题反复订正了好几遍还错，我不禁苦笑起来。

上课铃声响了，但学生们仍旧手执卷子议论纷纷。我仔细一听，原来这次练习，班上不少学生得了“良”，个别学生只得了“中”，他们正在担心，这样的成绩拿回家去，又要受责备了。看来，指望学生们在这节课上认真听讲，又将成为奢望。

我转念一想，有办法了。我大声告诉学生们：“只要能在订正卷子时，一次把所有做错的地方都订正正确，就能获得加分，‘中’能变成‘良’，‘良’能变成‘优’！”

我的提议受到了全班学生的一致赞同，这节课也成为本学期学生们听得最认真的一节。绝大多数学生做到了一次订正正确，使自己的成绩向上提升了一级。

① 上海市实验小学　顾利文

【方法点化】

亡羊补牢，为时不晚。

教师运用自我矫正纠错评价，通过“一次订正正确能获得加分”这一举措，把被动订正变成主动探求，提高了学习效率。同时，这一举措还保护了学困生的自尊心。

【典型案例2】

“挑一个最佳成绩作记录”

灯下，我认真批改着一张张语文练习卷。批到班上小杨的卷子时，一个个红色的圈圈令我皱起了眉头。我仔细算了算，共扣56分，只能记作“不合格”。我正要落笔，忽然想到明天发下卷子，学生们看到这一成绩时可能会做出的表情，可能会说的话语，那时，小杨该多难过呀！我不由得停下笔来。

第二天早上，我把小杨找到办公室，告诉他，这次他的练习卷就不记分了，也不记在《小学生成长记录册》上，下次做练习时，如果成绩提高了，再作记录。小杨听后直点头，明显松了口气，走出办公室时脚步轻松多了。

这样的语文学习评价是富有弹性的、动态的、变化的，它会随着学生语文学习的发展而改变，会随着学生语文能力的提高而提高。

在我班的《小学生成长记录册》上，等级不再仅仅是一个成绩，而是体现了学生由不会到会的一个过程。对学生语文学习的评价不再是最终的结果，而是一种用来激励学生努力学好语文的手段。这种富有弹性的评价方式，受到了全班学生的热烈欢迎。

【方法点化】

成绩候选，挑战自我。

差劲的成绩会使学生感到难堪，挫伤他们的自尊心。教师运用差异性评价，对这样的成绩采取不记分的方法，并从学生曾经获得的几个成绩中，挑选出最佳的一个作记录，强调了个人成绩的纵向比较，使学生重新点燃希望之火，有益于树立学困生的自信心，增强他们学习的动力。

【典型案例 3】

“我给她打 100 分”①

语文第一单元测验，同学们都做得非常认真，答题也令我非常满意。在阅卷过程中，有这么一道题目：写出有关珍惜时光的格言。这是一道 2 分的题。一般的同学写的都是书本上学过的话：“一年之计在于春，一生之计在于勤”等。能回答出这样的句子，我也感到比较满意，毕竟说明他们已经将课堂上的知识掌握了。

可是令人惊喜的是，洪宇同学写出了这样的两句话：“莫等闲，白了少年头，空悲切。——岳飞”；“多少事，从来急，天地转，光阴迫。一万年太久，只争朝夕。——毛泽东”。看到孩子写出这样的句子，我心里别提有多高兴了。之后我又在陈叶憬的卷子上看到如下两句话：“生命是以时间为单位的，浪费别人的时间等于谋财害命，浪费自己的时间等于慢性自杀。——鲁迅”；“明天，明天，还有明天，人们都在这样安慰自己，殊不知这个明天，就足以把他们送进坟墓。——屠格涅夫”。当我发现这位同学有个地方被扣了两分后，想了想，挥笔给她加了两分，成了一百分。

分析试卷的时候，我说出了加分的原因，同学们的反应复杂，有的佩服，有的吃惊，有的后悔，被加分的同学则个个兴高采烈。

【方法点化】

分数涨价，指引方向。

案例中，多数同学会在内心受到震撼，他们将下意识地觉得读课外书、做摘录的重要性，并付诸实践，而这，不正是我们教师所希望、学生所需要的吗？教师要充分发挥试卷的激励功能，不要为分数而考死学生，而要通过“活”的分数来考活学生。

【典型案例 4】

“哇，我们又加分了”

在一节小学三年级的英语课堂上，各个小组在竞赛活动中十分活跃，各组组员争先恐后地举手发言。教师每给获胜的小组加上一分，得分的小组就发出一

① 安徽安庆市人民路小学　赵玲

阵欢呼声。活动结束时,获胜的小组兴奋不已,而失败的小组则垂头丧气,在接下来的活动中也提不起精神,学习积极性明显下降。

【问题点击】

加分,加出了学生的失落

小组之间的竞争主要应看小组合作的表现,而不应以组员个人的表现作为评价的依据。某个组员的答案不正确时,教师可以让同组的其他成员及时补充和纠正。同时,对回答有误的学生也要适时予以表扬和鼓励,如表扬其敢于尝试的勇气,激励落后的小组在下一轮活动中继续努力等。另外,培养学生在竞赛中团结合作的精神尤为重要,像案例那样的竞赛活动则不利于小组之间的合作与竞争。

【典型案例5】

"都怪你,我们组本来可以得分的"

在一节小学英语课上,教师轮番向各组提问,回答正确的小组可以得分。当教师提问到A组时,A组有许多学生举手,一个学习成绩不是很好的学生迟疑了片刻后也勇敢地举起手,而当教师让其回答问题时,该学生却说出了一个错误的答案。按小组竞赛规则,A组不能加分。教师把得分机会给了B组。该学生在本组同学抱怨的目光中尴尬地坐了下来。"不会说就不要举手,抢什么风头!""都怪你,我们组本来可以得分的。"该学生在同伴的指责声中低下了头,在这节课上再也不敢尝试回答问题了。

【问题点击】

加分,加出了学生的矛盾

合理的竞赛规则不仅是竞赛顺利进行的保障,而且可以避免很多不必要的争执或纠纷。竞赛规则应能使每个小组成员积极参与课堂学习活动,尽量避免因个别学生的表现而大幅度影响小组的整体成绩,配合最好的小组应是得分最高的小组。同时,竞赛时小组成员之间应互相帮助,不可相互指责或埋怨;否则,该组就会被减去一定的分值。

比较用语

►"这个分数(表扬……)是借给你的，希望以后能还我。"

【典型案例 1】

"这个表扬是借给你的"

在教完乘法口诀后的第二天，检查同学们背诵口诀，前面六名学生熟练而准确，我非常高兴，一一给予表扬，当我叫到第七个同学——许飞飞时，他却结结巴巴，还出现了几个错误。我示意他坐下后脑子迅速转动，怎么办呢？如果批评，就必然和前边六名学生形成鲜明对比，肯定会伤其自尊，他可是一个自尊心很强的孩子，接下来的他肯定是"我的眼泪在飞"；如果不批评，就不能给以警示，不能给以触动……忽然，我灵机一动：何不预支一个表扬给他呢？于是，我说："这位同学的背诵也非常准确、熟练。"同学们全都露出惊讶的神态，而许飞飞更是不自然。我停顿了一下，用眼睛注视着他继续说："不过，这个表扬是借给你的，希望你明天能还给我。"

顿时，班里响起了一片欢笑声，他的脸上也阳光灿烂了。我又接着问道："明天你能不能好好还我？""当然能！"他的回答坚定而自信。第二天上课，他果然背得非常熟练准确。我知道，他不仅毫发无损地归还了我的表扬，而且找回了他的自信与自尊，先前的那种羞愧感消失了，取而代之的是自信和投入……

【方法点化】

借分，借出了学生的自信。

【典型案例 2】

"你是班主任，怎能帮着孩子隐瞒成绩呢?"

办公室门口，学生小琪的妈妈一见到我就质问起来："施老师，你是班主任，怎能帮着孩子隐瞒成绩呢？不是小华的妈妈说起小琪的成绩，我到现在还蒙在鼓里呢……”

我明白了今天早上小琪脸上大块淤青的由来，也想起了一周前的情景——

那天放学后，月考成绩大幅下降的小琪耷拉着脑袋到办公室来找我。

我安慰他说：“回家和父母一起好好分析原因，吸取教训，他们会谅解的。”

“不，他们不会。”他接口道，“从小，只要我考不好，等待我的就是毒打，从不听我解释。我一开口，他们就认为我在狡辩。我现在已经是高二学生了，他们还……”说着，眼泪夺眶而出。

一阵沉默后，小琪承认自己最近在课外活动上过分投入而影响了成绩，并决心改变现状。但他最后请求我帮助他对父母隐瞒月考成绩时，我犹豫了。

小琪是个求上进、兴趣广的男孩，校运会上身手不凡，文化节上崭露头角，为班级赢得了不少荣誉，但学习成绩却明显滑坡。于情似乎该帮他瞒一瞒，于理又说不过去，我感到左右为难。

然而，小琪忧郁的神情还是让我决定为他瞒一次。但我对小琪说，“瞒”仅仅是暂时不说，重要的是加速进步……

现在小琪妈妈找上门来，退已无门，进要择“路”。我热情地将小琪妈妈请到办公室，并敬上一杯茶。然后缓缓地说：“暂时的隐瞒也是一种工作方法，你只知道小琪的月考成绩较差，却不知道一时的‘差’却给了他上进的动力。”接着，我便原原本本地道出了事情的经过，并介绍了小琪的日常表现、考砸后的思想历程和最近显著的进步。同时，也为自己未能及时家访而道歉。

渐渐地，小琪妈妈的目光变得柔和起来。我不失时机地将小琪叫到了办公室。

我轻抚着小琪脸上的淤青说：“孩子已经大了，凡事应多沟通，不能再伤他自尊了。”

“琪儿，妈错怪你了。”

“妈，你和爸爸老是不相信我。”小琪泣不成声。

泪水盈眶的小琪妈妈抱着儿子的头说：“妈以后一定相信你……”

【方法点化】

瞒分，瞒出了学生的转机。

【典型案例3】

“他究竟该得多少分”①

在一次数学单元检测中，全班只有庄文涛同学一人不及格，得了46分。由于时间关系，在试卷分析讲评之后，我让其他同学订正，将一张空白试卷给庄文涛带回去重考。第二天我对他的重考试卷进行了面批，只有一道判断题他还不理解，经我讲解终于明白了。他得了98分，非常高兴。谁知周围同学对他冷嘲热讽.并认为老师偏心，重考不该给他这么高的分。庄文涛哭了。在这种情况下，我利用晨会在班上展开了一次“他究竟该得多少分”为主题的讨论。

开始大部分人认为应该算第一次成绩，理由是46分是庄文涛自己真正考出的成绩，而第二次他是在家考的，不一定是自己做的，有可能是家里人教他的，而且用的时间也可能超时了。甚至有人不服气：“如果老师给我补考，我还能考100分呢！”认为算他98分不公平。

只有一人认为可以算第二次成绩，理由是不管庄文涛用了多长时间，是谁教他的，反正这些题他都会做了，说明他进步了。我赞扬了这位同学的善良与宽容。

也有同学提出可以算两次的平均成绩。平均数刚刚学过，我及时表扬他们活学活用，并让全班同学算一算庄文涛两次考试的平均分。

我让庄文涛自己发表意见，他保证今后一定好好学习，争取下次考到90分以上。

“分数并不重要，考试也不是目的。其实，在老师的心目中，庄文涛同学应该得的不是46分，不是98分，也不是72分，而是——”我转身在黑板上写了一个大大的“100”。

“当然，这100分不光属于庄文涛，也属于你们每一个人。因为不管是订正的还是重考的，这张试卷上的内容你们都掌握了。不仅如此，更可贵的是你们还学会了理解与宽容，懂得了友爱与尊重。”

每个同学的脸上都露出了满意的笑容。

【方法点化】

评分，评出了学生的自尊。

---

① 江苏句容市实验小学　曹慧

案例中，教师给庄文涛重考的机会，其指导思想就是立足过程，注重发展，培养该生的自尊心和自信心。在重考前后给予辅导，实质是把考试评价作为教学过程的有机组成部分。把同一张试卷带回家考，学生考试时可能有家长的辅导和资料的查阅，实际是一次开放性的考试。重考的过程，是该生从不懂到懂，从不会到会的一个学习过程。通过多次评价，引导该生认识自我，建立自信，激发其内在的发展动力，促使他改进，促进他发展。教师对庄文涛的帮助、肯定和激励，对于一个后进生来说是何等的重要。

课堂点睛

“甄别功能”VS“激励功能”

对白

【话题1】：考试得分→平时积分

考试得分	一锤定音	一次机会	结果评价
平时积分	一路攀登	多次机会	过程评价

∴“分，分，分，学生的命根”→“分，分，分，学生的里程”。

【话题2】：个人得分→集体合分

个人得分	个体智慧	独立竞争	个体评价
集体合分	集体智慧	合作互助	群体评价

∴“自力更生，艰苦奋斗”→“团结就是力量”。

【话题3】：知识得分→情感加分

知识得分	智商表达	了解学生	显性评价
情感俭分	情商表露	理解学生	隐性评价

∴“知识可以立身”→“情感可以立人”。

喻言

有奖销售和透支消费

在商场中，经常看到这样的情况：食品，顾客可以先尝后买；电器，顾客可以先试后买，甚至可以分期付款。另一种方式是有奖销售，买一送一，买一返一等等。此外，顾客如果使用信用卡消费，还可以获得一定的积分，换取奖品；并且可以透支一定的数额进行消费。

以上种种“好处”，无非是激励顾客进行消费。同理，教育教学中的“分数”，不妨也可以进行有奖“销售”和透支“消费”，这些，无非是激励学生能赢取更好的“分数”。

精点

不妨把“分数”在“教育存折”上存为活期，随存随取，通存通兑。

创新提示

▶“偷”出来的高分

一次语文考试，一向调皮不爱学习、成绩很差的学生竟然考出了优秀的成绩。我暗地里观察、了解，才知道这位学生事先偷抄了一份我办公桌上的试卷，回家后把这些题目都练会，结果考出了惊人的成绩。我转念一想，他平时不爱学习，这不是调动他学习热情的好机会吗？于是，每学完一单元，我故意把试卷放在明显的地方让他“偷”去，每次考试我重点监考他，结果每次他的成绩都很好。期末考试了，县统考试卷没法“偷”了。结果，他仍然考得很好。

学生学习积极性的高低与学习效果紧密相关。面对大量的、高频率的、一成不变的讲、练、考、评的教学程序，学生几乎处于麻木状态，出现教师主动、学生被动甚至“不动”的现象。而教师“泄露”或学生“偷看”的试题，由于与考试结果直接相关，学生就会主动关注、复习、研究直至掌握。

当然，使用这种方法也要注意艺术性，方法单调、频率过高会逐渐削弱学生的兴趣；要注意目的性，不能把为了解决问题、培养能力的初衷演变成学生轻松捞分的手段；要有计划性，不要希冀把问题捆在一起一下子解决；要与正规考试严格的考试纪律分开，它只能局限于平日的考试之中。

新课程教师流行用语十七

流行用语

“你会用所学的知识造句(说话……),表现不错。”

【典型案例 1】

语文《我应该感到自豪才对》

师:现在,女同学都是骆驼妈妈,方老师问问骆驼妈妈,你对小骆驼讲了三句话,你认为哪句最有水平,为什么?

生:我认为“多亏我们的脚掌长得又大又厚,如果我们的脚也像小红马那样,陷进沙子里怎么拔得出来呢?”这句话最有水平。

师:骆驼妈妈都认为这句话有水平,那你说说理由,让小骆驼心服口服。

生:我先把我们脚掌的样子和好处说得很清楚,又说出了如果像小红马那样的脚掌的危害性,这样我的孩子听了就相信了。

生:中间我还用“多亏……如果……”来加以说明。

师:你能用“多亏……如果……”说驼峰、眼毛的特点和好处吗?

生:多亏我们的驼峰,能贮存养料,如果我们的背也像小红马那样平坦,在沙漠里走不饿死才怪呢!

师:一学就会了,前面改成“多亏我们背上长驼峰”就更正确了。

生:多亏我们的眼毛有两层,如果我们的眼毛也像小红马那样只有一层,沙漠里风沙多,风沙刮进眼睛就糟了。

生：……

【方法点化】

效仿格式的造句，完成了新的表达。

【典型案例 2】

语文《丑小鸭》

《丑小鸭》课后作业要求用“特别”造句，课文阅读后，可让学生结合课文内容造句，以谈谈自己对丑小鸭的看法：丑小鸭真特别，别人是从差不多大的蛋里出来的，而它是从非常大的蛋里出来的；丑小鸭非常特别，别人早早出了蛋壳，而它到最后才出来；别人长得很漂亮，而丑小鸭灰灰的，嘴巴大大的，身子瘦瘦的，真是特别……

如果再引导用同一内容造不同形式的句子，使“特别”分别处于句前、句中、句后，其效果更佳。这样，就能在语言的运用中加强思想内容、语言形象、语言情境、语言情理的有机融合，以达到工具性和人文性的有机统一。

【方法点化】

一线串珠的造句，构成了新的总结。

【典型案例 3】

用“不是……就是……”造句[1]

随便翻看六年级的语文试卷，无意中看到这样一道题目：用“不是……就是……”造句。有一位优秀生这样造句：“这些天进入了复习期间，因为我考试成绩不好，爸爸不是打我就是骂我。”

这让我感到很是惊讶：这位学生在班级上的成绩是优秀的，他不可能考不及格，他的家长，我是了解的，是一位很民主的家长，应该不会对他的孩子有这样的行为。

怀着这样的疑惑，我在课余之时调查了这位学生：“这些天你的爸爸真的是对你不是打就是骂？”

“不是。”

“那你为什么在造句的时候那样写呢？”

---

① 江苏省如皋市东陈镇山河小学 徐亚群

"这不是造句吗?"孩子一脸无辜的表情看着我。

"造句不就是在编吗?"孩子又说道。

凑巧的是,晚上回到家里,我看上二年级的女儿的试卷,试卷上有这样的一道题目:用"因为……所以……"造句。女儿造的句子是:"因为我考试没有考好,所以爸爸就会打我骂我。"

看到这个我有些纳闷,出于一名教师和家长的责任询问女儿:"你考试没有考好,爸爸打过你,骂过你?"

"没有啊!"

"那你为什么这样写?造句不能这样啊!"

"我们许多孩子都是这样造的。反正造句都是假的。"

造句都是假的?造句不就是编的吗?这是不是一些小学生的心理呢?怀着这样的想法,我在班级上做了一个实验(**本班共有45名学生**)——

随便从课文中找了四个词语让学生写句子。前面两个词语这样要求的:请用"娓娓动听"、"身临其境"造句;后面两个词语这样要求的:请用"持之以恒"、"三心二意"各写一句话。

学生完成作业之后,我对学生所写的句子进行了统计,发现了一个有趣的现象:两个词语要求"造句"的,虚构的67人次;两个词语要求是"写一句话"的,虚构的34人次。而且还有一个有趣的现象:凡是造句都写得比较简短,而写一句话,写得比较具体。

在学生完成之后,我要求学生作了一个问卷调查:你认为造句是要真实的吗?写一句话要写真实的吗?结果是这样的:31人认为造句可以写虚构的,或者是假的东西;38人认为写一句话要写真实的。

【问题点击】

不符学生实际的造句,失去了"做真人"的教育意义

学生在造句的时候会写出一些虚构甚至是胡编出的句子,这些句子从逻辑方面来说是没有问题的,但是这样的造句训练,让本来富有生命力的词语运用变成了枯燥的文字游戏,容易在孩子们的心灵中产生不好的影响,认为造句是编造的,同样作文也就是编造的,不利于学生健全人格的形成。

【典型案例4】

数学"10以内的数"

学完了"10以内的数"之后,教师让学生用学过的数说一句话。学生说:"我

们这组有10个同学(其实是8个)。""窗户上有10块玻璃(其实是18块)。"……

课后我与教者进行了以下对话——

问:学生说的"窗户上有10块玻璃"这句话对吗?

答(惊讶地看着我):对的呀。

问:你让学生用10说一句话的目的是什么?

答:就是使学生会用学过的数说一句话啊。

问:这节课是数学课还是语文课?为什么不让学生数一数再说?

答:不要数,只要学生说出一句话就行了。

【问题点击】

不符生活实际的造句,失去了"说真情"的教学意义

认数教学要求学生能准确地用数表示物体的个数,进一步理解数的大小,帮助学生加深对数的感悟。教者把学生用数准确地表示物体的数学活动,误认为就是让学生"用学过的数说一句话"的造句,背离了数学学科的本质。

数学教学是一种有实际意义的学习活动。学生数都不数就随便说"我们这组有10个同学","窗户上有10块玻璃"……不仅不能起到帮助学生理解和掌握数学知识的作用,反而不利于引导学生用数学的眼光去观察生活,解决问题。

比较用语

"你用所学的知识造句(说话……),合情(合理)吗?"

【典型案例1】

语文《青海湖,梦幻般的湖》①

一位教师在执教语文《青海湖,梦幻般的湖》一课时给学生出了一道题:"谁能相信这是大自然的现实,而不是大胆的梦幻呢?"试一试,把这个句子换个说

① 四川营山县小桥完全小学 唐竞成

法。

顿时，课堂上鸦雀无声，教师鼓励学生讨论交流，也只有几个学生在说。此时，教师为学生提供了一种改法："谁(或人人)都相信这不是大自然的现实，而是大胆的梦幻。"

对此，我有不同的看法，我认为应改为："谁(或人人)都相信这是大自然的现实，而不是大胆的梦幻。"

这个句子以反问的方式表达肯定的意思，我们只要讲明句子的意思就行了。从人教社《教师教学用书》的解释可以看出，青海湖非常神奇、美丽，美得让人难以相信这是现实，仿佛是梦境一般。这是借景抒情的写法，抒发作者对青海湖美景的惊喜和赞美之情，说明青海湖的确很美。课文第4自然段最后一句："因此，留下了这没有丝毫粉饰和雕琢的湖，留下这粗犷的美，自然的美，质朴的美。"这句话能充分说明青海湖的美来自于大自然，而不是梦幻。

不难看出，作者笔下的青海湖是如此美丽。这位教师改为"谁(或人人)都相信这不是大自然的现实，而是大胆的梦幻"，已经背离了事实，违背了作者的写作意图，改变了事物的本质属性。

【方法点化】

变换形式的造句，不能变换文本原意。

【典型案例2】

语文《詹天佑》

师：面对着高大的铜像，你一定有很多话想对詹天佑爷爷说。来，孩子们，拿起我们的笔，先将要说的话写下来。写的时候，可以选用课文当中学过的词语，也可以不用这些词语。但是，一定要表达此时此刻你内心最真挚的情感。

课件屏幕出示课文中学过的词语：阻挠、要挟、嘲笑、藐视、毅然、悬崖峭壁、狂风怒号、高山深涧、竣工、回击、赞叹不已。(学生在《沉思曲》音乐声中写话)

师：好，孩子们，放下你手中的笔，让我们面对詹天佑的铜像，让我们表达内心的一份真情。(和着音乐)

生1：詹天佑爷爷，我很敬佩您！您不怕困难，不怕外界的嘲笑，以杰出的才能修筑了京张铁路，这是中国人修筑的第一条铁路。我敬佩您的爱国精神，敬佩您的卓越才能，敬佩您的坚定信念……

生2：在帝国主义的阻挠、要挟，外国报纸的嘲笑、蔑视面前，您毅然接下了这份重担，狂风怒号、高山深涧没能使您屈服。铁路提前两年竣工，不仅给了帝国主义者一个有力的回击，更多的则是带给国人的欢喜。您是一位杰出的爱国工程师！

【方法点化】

嵌入词语的造句，还应嵌入个体的情意。

这个教学片断中，教师让学生在语境中借助词语进行写话说话的训练，这是一种指向于“表现”的训练。这种“表现”，不是教师外加给学生的，而是学生有着内在的需要，有明确的表达目的和交流对象，有特定的话语情境的言语实践活动。在这种活动中，学生要运用学过的语言去表达自己的思想情感，在表达中，词语的效度得到了提升。

【典型案例 3】

用“高兴”造句

用“高兴”造句，教师要求第二个学生说的句子中“高兴”的位置与前面同学不一样，这样才算正确，看看谁最行？不一会儿，学生纷纷举手发言：我高兴地跟妈妈去宜兴大统华；今天我得到老师的表扬心里很高兴；星期天妈妈准备买汽车，我高兴得合不拢嘴……学生在紧张地积极表达，整个过程个性飞扬，灵感四溢，学生的语言、思维、能力都得到了提升。

【方法点化】

体现多样的造句，还应体现作者的创意。

【典型案例 4】

用“需要”造句①

教师指导学生用“需要”造句，学生造句后，选择有代表性的两组展示出来。一组是：“我需要什么就向爸爸要什么。”“夏令营活动中，小朋友需要东西解渴，我就跑到路边果园里摘几串葡萄给他们。”另一组是：“爸爸工作很辛苦，在生活中，我如果需要什么，能自己解决的就尽量自己解决，不让爸爸多操心。”“遇到问题需要冷静思考。”通过比较，使学生领悟出第二组句子好，原因是这组句子有一

---

① 江苏宿豫县教委教研室　谭砥柱　谭启生

定的教育意义。这样既提高了学生运用词语的能力，又加深了学生的思想认识。

【方法点化】

强化比较的造句，应能强化思想寓意。

课堂点睛

▶“聚焦造句”VS“聚焦造人”

对白

【话题1】：关注仿造→关注创造

◇仿造造句：

观察例句→套用模式→思路守旧→格式粘贴——机械呆板，缺乏创新。

◇创造造句：

研究例句→领会精神→思路刷新→意义粘贴——丰富灵活，追求创新。

【话题2】：关注通顺→关注通情

◇造句通顺：

看一看关键词语有没有用了→看一看其他词语有没有用错→看一看词语组合有没有用乱。

◇造句通情：

看一看语言表达是不是顺畅→看一看叙述情节是不是合理→看一看个人情感有没有抒发。

【话题3】：关注造句→关注造人

∵造句不仅仅要看句子的结构长不长、语气顺不顺、思路新不新，还需要看句子的事实真不真、感情真不真、思想真不真。

∴造句的意义不仅仅在于造句——教人学真知，更应该在于造人——教人做真人。

喻言

书的品级

关于一本书质量的鉴别，大致有以下几种病态：印刷工艺有问题的书是粗品，内容出处有问题的书是盗品，语言表述有问题的书是次品，事实依据有问题的书是伪品，思想境界有问题的书是劣品。

其中，对读者有着最大毒害的应该是最后那一种劣品的书，因为它不只是映入人的眼睛，而是印入人的心灵。这应该成为最高级别的警戒色。

精点

优秀文学作品，外在的“美丽”在于它的遣词造句，内在的“魅力”则在于它的人生启迪。

创新提示

“一句话记忆”[①]

所谓“一句话记忆”教学法是指用一句话记住所学的知识点和新内容，是利用小学生的大胆想象、形象思维特点，编成一句顺口溜或一句有趣的、较容易记的话。话可长可短，重在有趣易记，符合小学生的心理特点。

一、“一句话记忆”记易写错的生字

例：考

[常见错误]常画蛇添足，在“考”字下多写一横。

[一句话记忆]考试时请别老往下弯腰，以免得零分。

[评析]“老”的下面弯一下不就是“考”吗？

二、“一句话记忆”易混字

例1：巳、已、己

[常见错误]三个字根本无法区分。

[一句话记忆]全巳半已空为己。

① 广西桂林市全州县龙水镇坦口完小　蒋义红

[评析]全封口的为“巳”，是地支中的第六位；“已”为半封口，已经，表示过去；空心的为“己”。

例2：戌、戍、戊

[常见错误]学生因形相似，无法辨认更无法用。

[一句话记忆]横戌点戍戊空心。

[评析]三个字的微小差别尽在“横、点、空”三个笔画上。

三、“一句话记忆”易写错的部件

有许多汉字的部件是同一个字，但因不同字的写法不同，学生易写错，教师也很容易忽视。

例：“木”字底的字。

[常见错误]“木”在不同的字中，其写法就不同，如“杂”和“朵”，“杂”字中的“木”竖笔带钩，“朵”字中的“木”竖笔不带钩。

[一句话记忆]坏人到茶寨，用杂木条杀亲人。

[评析]在汉字中有十多个字与“杂”字一样带钩，其余与“朵”一样不带钩。上面六个字是带钩的“木”，“涤”、“薪”、“刹”等都是由这六个字变来的，只要记住这六个字就记住了所有部件带钩的“木”字。

四、“一句话记忆”古诗、朝代和作者

例1：《枫桥夜泊》张继、唐朝

[一句话记忆]张继在枫桥边欣赏荷塘里美丽的荷花。

[评析]枫桥即《枫桥夜泊》，“塘”同“唐”谐音。

例2：《小儿垂钓》胡令能、唐朝

[一句话记忆]一个小儿边垂钓，边吃糖葫芦。

[评析]巧妙地利用谐音字记忆，既生动又有趣。“糖”同“唐”、“葫”同“胡”。

五、“一句话记忆”一些简单的语法

例：区分的、地、得

[一句话记忆]我的名字，经过艰苦地动作，变得无法形容了。

[评析]名字与名词谐音，动作是动词，形容代表形容词，学生易理解、易记忆。

新课程教师流行用语十八

流行用语

“看(听)了这些事例,你有了什么思想认识?”

【典型案例 1】

无声的节拍①

一如往常,我批阅着学生每日必写的生活随感(其实也就是日记,只不过这样一个新名词让学生在写的时候更为随意自然,事实证明这一招还挺管用的)。突然,一段这样的文字映入我的眼帘:

前几天,音乐老师和自然老师都批评我们上课的纪律退步了,并且还拿我们和另外两个班作比较。我们这个班是德育示范班,两位老师的话代表着什么?我心里十分难过,“十一”长假后,许多同学都控制不住自己的嘴巴,发出了臭蚊子似的声音……我真希望我们班每一位同学都能积极进取,这样我们大家才会进步。

我陷入了沉思,而后在班上布置了一篇读后感:读读第 14 课《我的战友邱少云》,写写自己的体会。当时还没有上这一课,但我期待着……

第二天,随感本收了上来,一段段文字又出现了:

---

① 江西南昌市棉花街小学　付蓉　邓珏

读完课文后，我深有感慨：烈火在邱少云身上整整燃烧了半个多小时，那种滋味多么难爱，多么痛苦，可他并没有放纵自己。这位伟大的战士到最后也没有挪动半寸地方，没发出一声呻吟，这是多么坚强的毅力。然而我们上课随便说话，竟成了很自然的事，说明我们对自己没有严格要求，不顾后果放纵了自己的所作所为，这是多么不应该呀。

邱少云是个顾全大局的人，他让我明白了要做一个顾全大局的人。

人的意志力是顽强的，从邱少云身上我深深体会到了这一点。是什么给了他这么顽强的意志力？那就是集体的力量。我欠缺的就是这种以集体为重的精神。

让我们永远记住，集体大于个人。

这课让我明白了"纪律第一"！

紧接着，我上了一堂随感评析课，再后来，课堂上的"臭蚊子"似的声音少了许多许多……

【方法点化】

一个平常的纪律事件，引发了超前的文以载道。

【典型案例 2】

一道数学习题[①]

有这样一道习题"在□里填上适当的数：$\frac{1}{4}$、$\frac{1}{8}$、$\frac{1}{16}$、□、□……你知道上面的数会越来越接近哪个数吗？"

一位教师是这样教学的——

出示：$\frac{1}{2}$、$\frac{1}{4}$、$\frac{1}{8}$、$\frac{1}{16}$……

师：你能看出这列数的规律吗？（回答略）请照这样的规律接着往下写数，允许使用计算器，限时 3 分钟，比一比谁写得最多。（学生各自写数，随后汇报结果及体会）

生：我发现数越写越小。

生：写到后面时，计算器上都排不下了，分母数位太多。

生：我觉得永远都写不完，不管这个数已经多小，我都能再得到它的一半。

---

① 江苏仪征市张集小学 林大鹏

师：我国古代思想家庄子说过“一尺之棰，日取其半，万世不竭”，意思是说，一尺长的木棒，每日取它的一半，永远都取不完。你们说这列数能写完吗？（写不完）如果我们不断地往下写，最终会是多大呢？

生：说不清是多大。数不断往下写，无穷无尽。

生：应该没有了，因为总有一天会分完的。

师：你们说得都很有道理。越往后，这列数会越接近哪个数？

生：应该是0。

师：回想一下，学习圆的面积计算时，我们也是把圆分成若干等份后，拼成一个近似长方形。等分的份数越来越多，拼成的图形也就越接近长方形。它们的道理是相同的。

师：上面这列数$\frac{1}{2}$、$\frac{1}{4}$、$\frac{1}{8}$、$\frac{1}{16}$……如果观察它们的分母，又有什么规律？

生：2、4、8、16……后一个数都是前一个数的2倍。

师：你还会接着往下写吗？试试写出20个数，行吗？（学生借助计算器完成，不时发出惊叹）

师：这组数里面还藏着许多秘密呢。传说古代印度有一个大臣西萨·班·达依尔发明了国际象棋，舍罕王决定重赏他。他说：“陛下，请您在棋盘的第一个小格赏我1粒麦子，在第二个小格给2粒，第三个小格给4粒……”

【方法点化】

一个简单的数学问题，蕴含着丰富的文化内涵。

【典型案例3】

语文《狐狸和乌鸦》

某教师执教《狐狸和乌鸦》，老师问：“狐狸想吃乌鸦嘴里叼着的一块肉，它就故意用好听的话来奉承乌鸦，结果乌鸦一高兴，把嘴一张，‘哇’的一声，肉就掉下来了。同学们，请你们想一想，还有什么办法可以让狐狸吃到乌鸦嘴里的肉呢？”

同学甲：“狐狸借一把锯子，把乌鸦落脚的树锯断，让乌鸦掉下来……”（典型的没有环保意识，并且，学生忽视了树还没锯断，乌鸦就会飞走这一显而易见的事实）

教师评：“很有意思！但乌鸦会飞走，结果狐狸还是不能得到肉！”

学生乙：“狐狸借一把枪来，一枪把乌鸦射下来。”

教师评：“很有创意！竟然想到用先进的武器。这样，狐狸不光可以吃到乌

鸦嘴里的肉，还有乌鸦的肉吃了。”（教师显然没考虑到动物保护协会的意见）

学生丙：“乌鸦叼的肉是给它的孩子们吃的，狐狸想办法钻进乌鸦的家，把乌鸦的孩子们捉住，逼着乌鸦把嘴里的肉交出来……”

教师评：“真是绝了！乌鸦再也没有讨价还价的余地了。”（恐怖分子的一套都出来了）

下课铃响了。于是，一节看似成功的课，却把残暴的种子播进了孩子幼小的心灵。

【问题点击】

一味的见解个性化，播撒了残暴的种子

【典型案例4】

语文《悼念玛丽·居里》①

《悼念玛丽·居里》（苏教版八年级语文）内容简洁，没有旁枝逸节，对居里夫人众所周知的科学发现只是一笔带过，而侧重于对居里夫人伟大人格的礼赞。学生只要通读一遍即可明其梗概，晓其机理，很多教师甚至是让学生自学这篇课文的。

我没有像往常那样疏理内容或设计情境与活动，而是提出了一个问题：坚强、谦虚、不自满、意志坚定、律己严格、毫不妥协，居里夫人身上所具有的这些优秀品质其实我们早就知道，那么，这些品质我们真正学到了多少？在我们的生活中，我们到底有没有锻造并表现出这些品质呢？

问题刚一提出，就有学生说：“没有。”而且是笑着说的。我不知道那笑是出于无知还是调侃或者嘲讽，反正，它刺痛了我。

“那么，为什么会这样呢？你们用三分钟的时间思考一下。”我把问题再次抛给学生。

3分钟过去了，没有人举手。我轻声地问了两次，一个学生犹豫着举起了手。虽然他平时的言语往往会让我意外，可是这次他说的内容还是让我吃惊，毕竟，他才初二。

他说：“我的感觉就是，从小学开始读书到现在，所有语文书的厚度加起来大概有一尺有余了，以后还会越来越厚，到高三毕业时大概也就有古代高门大院的

① 江苏省常州高级中学 姜刚

门槛那么高了。语文书以及其他教科书的价值就在于能让我们跨过那道门槛，为了获得分数和教育制度的肯定。我们学会了说一套做一套，比如我们都知道在公交车上要让座，在作文中这样写，在演讲中这样慷慨陈词，可是，在现实中能做到的却寥寥无几。这其实就是一种悖论，教育的悖论，更是社会的悖论。”

听完他的话，刹那间我有一种失落感觉。但是，教室里响起了掌声，虽然稀疏，但却使其他学生都不愿意再保持沉默了……下课的时候，我是在一种不可言说、缠杂不清的情绪中离开教室的。

【问题点击】

一味的思想教条化，扭曲了正确的认识

【典型案例5】

数学“平均数的意义”

学生的家庭作业中有个调查题：调查几位同学星期天做作业、看电视、做家务的时间，然后算出星期天平均每人做作业、看电视、做家务大约各用多少分。下面是一个学生的作业。（调查表中学生的姓名本来都是真实的，现改用化名）

姓　　名	小明	小亮	小军
做作业/分	100	150	80
看电视/分	60	50	121
做家务/分	90	10	20

100＋150＋80＝330(分)　　330÷3＝110(分)

60＋50＋121＝231(分)　　231÷3＝77(分)

90＋10＋20＝120(分)　　120÷3＝40(分)

答：略。

这个学生调查看电视的时间，小军是121分，从作业本上明显可以看出原来写的是120分。估计他在计算过程中发现，60＋50＋120＝230，230÷3除不尽，于是，将数据作了小小的改动。翻看那次作业，像这个学生一样，改动数据的还有一些，都是出于同样的原因。随意改动数据，看似比较灵活地解决了问题，但实际上是“捡了芝麻，丢了西瓜”。因为学习平均数，不仅要懂得平均数的意义、特点、作用等，还要养成尊重数据、尊重事实的态度。两相比较，后者更为重要。

进一步要思考的，是谁教会我们的学生这样做？是什么使得我们的学生想到这样做？是教师，是教学。可能是限于学生的知识基础，学习平均数的过程中，我们提供的数据用除法计算时都能整除。有时一不小心，数据没有事先计算好，教师不就临时把这个数据改了一改吗？

【问题点击】

一味的数据理想化，丧失了对事实的尊重

比较用语

▶"假如身为此景（此情、此人……），你会怎么想（做……）？"

【典型案例 1】

"政治课：我给大家讲故事"①

每节课的开始，我都给学生挑一个小故事来讲。讲完了，大家讨论其中的哲理，乐此不疲。

今年开学刚分班的时候，一些学生因为从实验班里分到普通班而灰心丧气。于是，我给他们讲了一个故事："一个人在高山之巅的鹰巢里，抓到了一只幼鹰。他把幼鹰带回家，养在鸡笼里。鹰渐渐长大，羽翼丰满了，可是由于终日和鸡混在一起，它已经变得和鸡完全一样，根本没有飞的愿望了。主人试了各种办法，都毫无效果，最后把它带到山顶上，一把将它扔了出去。这只鹰像块石头似的，直掉下去。慌乱之中，它拼命地扑打翅膀。就这样，它终于飞了起来！"我想通过这个故事告诉学生，无论你经历过怎么样的失败，面临怎么样的挑战，都要相信自己是一只雄鹰。

第一次期中考试结束，有些学生考砸了，心情灰暗，有些学生考得好，沾沾自

① 上海　赵树利

喜。于是，我先讲《请不要开错窗》："一个小女孩趴在窗台上，看窗外的人正埋葬她心爱的小狗，不禁泪流满面，悲恸不已。她的外祖父见状，连忙引她到另一个窗口，让她欣赏他的玫瑰花园。果然，小女孩的心情顿时明朗。"这个故事启示失败的学生：打开失败旁边的窗户，你就看到了希望。

接着，我讲《狮子和羚羊的家教》："每天，当太阳升起来的时候，非洲大草原上的动物们就开始奔跑了。狮子妈妈在教育自己的孩子：'孩子，你必须跑得再快一点，再快一点；你要是跑不过最慢的羚羊，你就会活活地饿死。'在另外一个场地上，羚羊妈妈也在教育自己的孩子：'孩子，你必须跑得再快一点，再快一点；如果你不能比跑得最快的狮子还要快，那你就肯定会被它们吃掉。'"于是，骄傲的学生会认识到：你跑得快，别人跑得更快。

学生说，自从我开始讲人生小故事以后，他们就天天盼着政治课了。讲故事的时间虽然很短，但是我感觉自己和学生关于人生的交流增多了，学生也能够迅速从课间闹哄哄的状态中安静下来，他们对故事发表的意见令我感到欣喜。

【方法点化】

小故事，大哲理。

【典型案例2】

语文《九色鹿》①

目前教材所编选的文本有一些是高于、甚至远离学生生活的。对这些教材，教师如何将文本与生活链接起来呢？前一段时间，观摩《九色鹿》的课堂教学，看到了两种结尾，不禁引发了我的思考。

结尾一——

师：同学们，九色鹿得救了，你们高兴吗？让我们一起将这美丽善良的九色鹿送回那片景色秀丽的山林中。（学生读第一段）

师：同学们，《九色鹿》是一个古老的故事，故事中调达见利忘义，背信弃义，让世世代代的人唾骂；九色鹿救人之义举，救人之命不求回报的大仁大义令我们所有的人为之感动。它告诉我们善良终将战胜丑恶，正义终将战胜邪恶，这或许就是古老敦煌文化的精髓吧！

结尾二——

① 江苏通州市实验小学　瞿卫华

师:现在我来问你,如果调达再掉进河里,假如你是九色鹿,你救还是不救?

学生几乎异口同声,都说"救"。教师没有问为什么,而是先出示两篇文章《农夫与蛇》、《东郭先生和狼》。

师:读完了这两篇文章,你还救不救调达?

生1:不救。因为这调达和这里的蛇、狼差不多,都会毫不犹豫地出卖自己的救命恩人。

生2:不救。因为他会害人。

生3:我还是要救,因为调达毕竟与这两个故事中的"蛇"和"狼"还是有点区别的。再说,总不能眼睁睁地看着他被淹死吧。也许这次救他后,他会感动,说不定就改好了。

生4:我还会救的,但是救起来后,我会远离这儿,让他再也找不到我。

生5:我也是会救的,但是救起来后,我要教育他,让他的灵魂干净一点。

师:我尊重你们每个人的观点,但是我更赞同这位同学的说法,要救,更要拯救灵魂。

教师打开课件,出示《拯救灵魂——读鲁迅〈呐喊〉有感》,学生读得热血沸腾。

师:正如我们刚才所说,人性是复杂的、多样的,读同样的文章也可以从不同的角度去思考,你会有不同的收获;现在我们思考的是假如,有这样的假如就会有许多种假如,因此还会有许多种答案。你自己究竟还能读出些什么呢?再自由读读课文吧!

【方法点化】

小问题,大话题。

结尾一的教学是就文本读文本,结尾二的教学却摆脱了常规,通过设疑、拓展,将实际生活的情境展示给学生,超越了文本,着力让学生立足于生活的层面与文本对话,最终得出了"要救,更要救灵魂"的观点。

【典型案例3】

语文《哲学家的最后一课》

苏教版语文第十一册课文《哲学家的最后一课》揭示了一个深刻的哲理:"要想根除旷野里的杂草,方法只有一种,那就是在上面种上庄稼。同样,要想铲除灵魂里的杂草,唯一的方法就是用美德去占据它。"如此理性的哲理,怎样才能浸润学生的思想,触动学生的心弦,融入学生的生命之河中?

教者是这样设计的:1. 哲学家在这最后一课中提了个什么问题? 2. 学生们想出哪些方法? 你赞成哪种? 反对哪种? 为什么? 3. 你还有哪些办法可用?

第二问中让学生来评说文中四种方法的利与弊,学生兴趣大增,课堂现场中顿时唇枪舌剑,课堂变成了竞赛场、演说场。有的说:“用铲子铲的方法不好,不能除根。”有的说:“用火烧的方法不行,‘野火烧不尽,春风吹又生’嘛!”有的说:“撒上石灰的方法也不行,石灰渗入土壤,连庄稼也难活命。”有的说:“斩草除根的方法也不行,工作繁重而且不易清除干净。”学生又想出了许多方法:用水淹、用耙翻、放羊吃等等,但无一不被别人否定。最后大家一致认为,还是哲学家的方法最好,在上面种满庄稼,使杂草没有生存空间,从而体会到哲学家的良苦用心。

最后教师提出:“你的灵魂里长着怎样的杂草,你想用什么方法占据它?”学生说:“我要用宽容大度的美德去占据灵魂里斤斤计较的杂草。”“我要用诚实的美德去驱除说谎的杂草。”“我想用欣赏的美德去驱除妒忌的杂草。”学生在反思感悟,在经历体验,在心灵对话。

【方法点化】

小心思,大体会。

【典型案例 4】

布谷鸟的叫声①

某生匆匆来汇报:邢扬课堂上学布谷鸟叫,被实习老师罚抄了!

师:让他过来。

半分钟后,邢扬到,一副低眉顺眼的样子。

师:布谷鸟对小朋友说什么了?

邢:……

师(点着他的小鼻头):布谷布谷,春光短促;布谷布谷,好好读书。(众笑,邢扬脸红了)

师:大家想想,小鸟儿又会对农民伯伯说些什么呢?

生:布谷布谷,不借盐来不借醋,借你的小屋住一住!(大家又笑)

---

① 江苏通州市实验小学 张凝玉

师:编得好!布谷也就是杜鹃,人们根据它的叫声起的小名,听起来多顺耳呀!你们也有小名吧?小朋友想想,还有哪些动物是这样起名的?

生1:蝈蝈!会唱歌的蝈蝈!

生2:知了!

师:对!那依据身上颜色起名字的呢?

生3:青蛙!

生4:白蚁!还有乌贼!

师:说得好极了!还有根据它从事的工作起名字的例子吗?

生5:啄木鸟,它给大树捉虫子!

生6:蜜蜂,百花丛中采蜜忙!

生7:跳蚤,天生的跳高健将!

生1(惊喜地):我还知道长颈鹿是因为它的脖子特别长!

师(摸摸她的脑瓜子):那又是依据形体起名了!

生2:带鱼,猫头鹰,河马也是!

师:对,说得太好了!多观察,多积累,多思考,你们会有更奇妙的发现。邢扬,你说对吗?(众生又笑)

【方法点化】

小错误,大收获。

课堂点睛

▶"琢物有形"VS"润物无声"

对白

【话题1】:大张旗鼓→潜移默化

"人之初,如玉璞;性与情,皆可塑。"思想教育是学校教育的目的。

学校教育不仅仅要教会学生做学问,而且还应该教会学生做人。但是,在学科教学中,思想教育应该是渗透作用,达到潜移默化、润物无声的效果,也就是

“此地无声胜有声”，而不应该大张旗鼓、单列环节地进行空洞说教。

有人说：教育如果让学生感到你在教育他，那教育就已经失去了作用。

所以，思想教育应该是“环保”的教育、“绿色”的教育，过细、过量、过分的教育只会“污染”教育的环境，使学生产生适得其反的抵触和反抗。

【话题 2】：纸上谈兵→身临其境

“知”和“行”在课堂教学之外依然严重脱节。课堂的探究性、开放性、延伸性虽然得到体现，但基本上是在“思”甚至只是在“知”的领域里展开，“行”被摒弃到课堂之外、心灵之外。这样的课堂表面上有了生活的因子，实质却是在排斥生活。

课堂和生活的脱节、断裂，这种教育的“轻”可能最终会导致人的“轻”、生活的“轻”、精神的“轻”、信仰的“轻”！断裂的也绝不止课堂和生活，而是文化！而这又极可能致使人文成为漂移、悬空的存在！

教师应不再仅仅满足于学生在课堂上的积极表现，而应关注那些表现背后的东西。例如：教师可以委婉地批评那些因为没有深入思考就轻易发言的学生；教师不应仅仅满足于试卷上的成绩，也不以成绩高低取人，而应更注重的是他们心灵的成绩。

【话题 3】：知识方法→思想文化

日本学者米山国藏说：“在学校学的数学知识毕业之后若没有机会去用，一两年后很快就会忘记。然而，不管他们从事什么工作，唯有深深铭刻在心中的数学精神、数学思想、研究方法、推理方法和看问题的着眼点等，却随时随地发生作用，使他们终身受益。数学文化便是数学思想、方法、精神、观点的最好表达形式。”

学科文化是指学科的思想、精神、方法、观点、语言以及它们的形成和发展。学科文化应当和学科知识很好地结合在一起：离开了具体的学科知识，学科文化则成了无本之木，无源之水；缺少了学科文化，学科知识就是“老树枯藤、光杆秃枝”。

喻言

功夫外的功夫

一位声名远播的老裁缝收了一个徒弟。徒弟聪明好学，一点便通。半年后，徒弟以为已深得老裁缝的技艺，便试探着问：“师傅，我的手艺还有不足吗？”

老裁缝盯着徒弟，意味深长地说：“还缺点功夫外的功夫。”

徒弟不懂。

一天,一位客人拿了上好的白色丝绸请老裁缝做衣衫。老裁缝让徒弟来做,徒弟做好后将白衫挂在通风当阳的屋内。

几天后,客人取衫时,发现白衫出现了黄色的斑痕,便大发雷霆,说弄脏了他的衣料。徒弟说是衣料低劣。双方争执不休,找老裁缝评理。

“谁都没有错!”老裁缝微笑着说。

“这是什么话?”客人不满了。

“这是风痕,丝质物受阳光照射而失色。徒弟,你用5倍清水调稀双氧水,把衣服浸搓一次,过水两三次便可。”老裁缝说。

徒弟一试,衣衫果然焕然一新。

徒弟大悟:这就是功夫外的功夫啊。

精点

艺术的至高境界:雕琢无痕,落叶无迹。

创新提示

未曾预设的美丽[1]

一天,上课预备铃声刚响,我便向教室走去,边走边想:今天的新授课题“列方程解应用题”,书中的例题浅显易懂,大部分学生自学时就可看懂,如果照本宣科地教一番,学生可能没多大兴趣。我想着想着就走进了教室,师生互相问好后,我在黑板上写下了课题。

突然教室里一阵骚乱,我转身一看,只见坐在第一排的小凡同学,脸色苍白,表情痛苦地在大口呕吐。呕吐物发出的怪味,顿时弥漫了整个教室。学生有的用手捂住鼻子,有的用餐巾纸盖住鼻孔,有的用手蒙上眼睛,坐在她旁边的几位学生生怕呕吐物溅到身上,纷纷移动桌子、凳子……教室里乱成一锅粥。

我顶着那股令人反胃的怪味走到小凡面前,轻声问:“小凡,好点了吗?”小凡

① 江苏无锡市硕放实验小学 邵霞

对我说:“老师,好多了。”接着我就快步走向卫生角,拿起拖把准备清理呕吐物。一些同学看到我的举动,纷纷行动起来,有的拿簸箕去找沙土,有的拿餐巾纸帮小凡擦嘴,不一会儿就打扫干净了。教室里又恢复了平静。

这时一个念头在我的脑海里闪过:何不改变一下教学思路,用这件事中的素材来做列方程解应用题的例题呢?于是我在黑板上写下这样一道题:“某实验小学四(1)班没有参加打扫呕吐物的人数有40人,是参加打扫人数的5倍,问参加的有多少人?”

见到这道题,大多数学生面露愧色。大家猛然间醒悟过来后,很快就列出了方程,然后就解答:设参加的有x人,$5x=40$,$x=8$。答:参加的有8人。

接着,我用一题多变的方法提升了例题的难度和深度:“某实验小学四(1)班没有参加打扫呕吐物的人数有40人,是参加打扫人数的5倍,全班共有多少人?”

学生也很快列出了方程,并解答出来。我又提了一个问题:“我们还可以怎样改变这个例题呢?”

学生都说得不错,解得也顺畅,接着就看书,做书上的题目,正确率达99%。当下课铃声响起,学生还沉浸在兴奋和喜悦之中。

新课程教师流行用语十九

流行用语

▶"下面按指定的小组进行合作学习。"

【典型案例 1】

英语 A Person of great determination

我让学生就下列内容进行活动：(1) A talk between the bookseller and the boy; (2) A talk between the writer and the boy after they came out of the first store; (3) A talk between the bookseller and the boy in the sixth store; (4) A talk between the writer and the boy after they came out of the sixth store; (5) A talk about the weather during their voyage; (6) A speech made by the captain to the crew when they gave up in despair; (7) A dialogue between the writer and the captain; (8) What should we learn from the captain. 等等。

如第六组的一位学生在经过讨论归纳后就作了以下发言：

Ladies and gentlemen, we're in great danger now. The storm is the most terrible one I've ever seen. The ship is leaking. If we give up pumping water, the ship will sink to the bottom of the ocean, but if we double our efforts, I'm sure we can win the battle against the storm and save ourselves. While our feet remain standing above the water level, there is hope. I will not leave the ship, nor shall my sailors. Now go back to the pumps! I order you! Pump! Pump! And pump! Without a stop! Now passengers, we need your help. Go to the pumps! If we can do everything we can. I'll land you safe in Liverpool!

在学生小组活动后，挑选几个好的向全班“汇报演出”，大大烘托气氛，并使大家学有榜样，赶有目标，共同前进。

众所周知，Practice makes perfect（熟能生巧）。语言教学是一种技能训练，只有让学生广泛积极地参与听说，才能有效地提高教学效果。将班级划分为2～4人一组的活动小组，可以提高操练密度。在平时教学中广泛采用小组讨论、对话等形式，规定每堂课中至少有5-10分钟为小组英语活动。这样，与过去每堂课只能提问几十人次的情况相比，学生讲英语的时间与效果可提高几倍。在小组活动中，我注意根据课文内容给学生安排适当的角色与情节。

【方法点化】

合作学习，可以提高操练密度。

【典型案例2】

“小闷子”与“诸葛亮”①

在阅读指导课上，我经常按座位把处于不同能力层次的同学编为一组，明确组员分工，每人发言不少于一次，由最需要帮助的一名同学作为组内发言人，汇报阅读体会。在学习的过程中，每组的强者都是主动承担起阅读的指导工作，作为发言人的弱者呢，因为担任着本组的汇报工作，还有“智囊团”的协助，自信心增强了，阅读的兴趣自然也就提高了。

陆雅是一个对什么都难以提起兴趣的学生，可在这样的阅读课上，她成了合作学习小组的主角，在组员的协助下，她大胆举起了自己的手。就这样，在一次又一次的磨练中，她的阅读能力一步步提高了。这是她读了《燧人氏钻木取火》后，在组员的帮助下抒发的感受：“一路上的艰险虽然不断，但勇敢的他为了别人的方便与快乐，用惊人的毅力克服了无数的困难。”

像这样的同学还有很多，陈渠同学内心世界敏感而丰富，但是一直羞于表达，而异质小组学习的方式使他成为本组帮扶的对象，让他挖掘出了自己的潜能。这是他读了《咸菜慈姑汤》后，在组员的鼓励下红着脸说出的一段话：“慈姑

① 江苏省扬州市东关小学 王晓群

虽然不是美味佳肴，但作者现在吃到慈姑，就想起了童年。虽然身在外地，可吃了慈姑，就仿佛又回到故乡，回到了温暖的家。在作者心里，那苦苦的慈姑代表着浓浓的思乡之情啊！”

正是这种倾向于中等生、后进生的小组学习方式，使这些“小闷子”们敞开了自己的心扉，毫无负担地投入到阅读训练中来。那些优等生因为充当了“诸葛亮”的角色，也获得了小小的成就感。

【方法点化】

合作学习，可以促进成员联手。

【典型案例 3】

科学“生物膜的流动镶嵌模型”

这是高一新课程的人教版教材中新增的科学史教学内容。教材编写中突出了研究历程的主线，目的是要引导学生了解科学家的研究方法，体验科学家的思辨经历。其中有一个环节是要引导学生达成对“膜中的磷脂分子排列成连续的两层”的认识。这一结论对学生来讲并不难记忆，但如何通过预设让学生逐步生成对这一观点的认识呢？笔者作为本案例的执教者进行了这样的预设：

在对磷脂分子亲水性和疏水性分析的基础上，教师组织学生讨论以下问题：1. 在非生命状态下，磷脂分子在水与空气的界面上会如何分布？2. 在没有空气与水界面时，磷脂分子怎样排布才有可能稳定地存在于水体中？3. 讨论问题 2 对研究细胞膜有什么价值？

这一预设的目的是，一方面希望通过预设中的问题引导学生讨论，发散性地分析磷脂分子的多种排布形式；另一方面，希望通过对问题 3 的讨论能使学生把自己的分析与细胞膜所面临的以水为主的液态环境联系起来，运用已有的生物学和化学知识对讨论结果加以分析取舍。

课堂的实际效果是，学生以四人小组为单位展开讨论。讨论刚开始时，学生群策群力、“顺藤摸瓜”，但当摸到几只“瓜”时，他们就哪一只“瓜”是最合适的展开了更为激烈的讨论甚至争论。五分钟后，有学生开始要求发言。教师在逐一满足学生发言要求的同时，对学生的回答进行或质疑、或肯定、或给与理论支撑的分析与评价，最后课堂不仅达成了“膜中的磷脂分子排列成连续的两层”的共识，师生也在多向的交流与合作中享受了智慧碰撞带来的激情和乐趣。

【方法点化】

合作学习,可以引发思维碰撞。

【典型案例4】

数学“用字母表示数”①

在教学五年级“用字母表示数”一课伊始,老师让学生四人小组合作完成,将事先准备好的一叠扑克牌进行排序,然后汇报排序结果。生1:A、2、3、4、5、6、7、8、9、10、J、Q、K。生2:将A放在最后。师提问:你们知道扑克牌中的J、Q、K分别表示什么吗?接着教师顺势提示课题:用字母表示数。

【问题点击】

合作学习环节的指定,导致教学流于形式

案例中,用学生熟悉的扑克牌引出用字母可以表示数,符合新课标所倡导的理念。但是让五年级的学生以合作小组研究的形式去对一组扑克牌去进行排序这就值得商榷了。设计者可能想在本课加入一个小组合作的环节而采取了这么一个处理方式,这就是典型的为“合作”而“合作”了。我们不否认合作学习既是我们教学的一种有力手段,同时又是我们教学的一个目的。是否每节课都需要用到“合作”,是否每节课都将合作能力的培养作为一种教学目标这就得另当别论了。这样的教学预设显然没有多大的生成价值,倒不如教师直接拿出扑克牌J、Q、K、A,让学生说出它们分别表示数字几,然后直接导入新课的学习。

【典型案例5】

“他俩只会说对对对,是是是……真没劲,我要求换组”

一天中午,我正在整理讨论表,一位学生找到我:“老师,我不愿和沈利、王华呆在一组,他俩只会说对对对,是是是……真没劲,我要求换组。”沈利、王华是两名后进生,我找他们来谈心,王华说:“我还没想好,他就让我说……”“组长总是抢着先说,把我的观点都说到了,我只好说对、对、对……”

细想沈利、王华的话,我很是惭愧。为了赶进度,有时课堂上没有给学生充

---

① 浙江省常山县教研室　郑序坚

分的独立学习思考，就匆忙进入交流程序。像沈利、王华等能力较弱的同学还未想周全或观点还未形成之时，能力较强的同学已说出较完整的答案，他们当然只能人云亦云。合作学习也就达不到思维碰撞，集思广益的效果。长此以往学习能力较弱的学生开始认为自己不行，更加不去积极思考争取发言，失去信心只能依赖盲从。再加上小组成员长期固定不变，讨论形式过于单一，合作交流就变成小权威唱独角戏了。而时间长了，小权威也会兴味索然，失去了交流的积极性。

为更好地激发小组成员的参与意识，我们在小组合作交流之前一定会给学生留足独立思考的时间。让学生对研究的问题形成初步认识，然后带着初步的观点再进入合作交流。在交流过程中尽量鼓励学习能力较弱的先说，再让其它同学说，让学习能力强的作总结归纳。从而使优等生的才能得到施展，中等生得到锻炼，后进生得到帮助和提高。

同时，交流形式根据研究问题或内容难易灵活选用：(1)汇报协商式：小组成员依次轮流说出自己观点想法，然后小组讨论协商形成集体意见。(2)比较补充式：抽签决定一位成员陈述自己的观点想法，其他成员对这个方案进行补充质疑，发表自己的见解，从而使方案更加完美。(3)质疑辩论式：当出现两方意见时，引导相互质疑辩论，让学生学会抓对方的要害，寻找存在的疑点，从而提出问题进行辩驳，同时积极地把自己的观点抛出去让别人信服，达到对问题更全面深刻的认识。

我们还尝试动态分组，即在保证组内优、中、差搭配，不同性别和不同性格兼顾，“组内异质，组际同质”的基础上，定期对小组成员流动，实行动态编排。这不仅使学生有新鲜感，更重要的是使学生不断地有机会了解更多同学的观点，也可以打破组内长期形成的有的学生在组内起控制作用，有的学生处于从属地位的态势，让学生在新组内有重新树立形象的机会，给每个学生提供平等发展的平台。

【问题点击】

合作学习成员的指定，导致学生日久生厌

【典型案例 6】

语文《凡卡》

某教师执教《凡卡》，初读课文后，教师提出了一个问题：“凡卡是应该回到乡村，还是留在城市?”为追求活跃，教师组织辩论双方展开了一场辩论赛，争论之激烈尽显双方之雄辩，尽管最后辩论结果不了了之。课堂气氛真是热闹非常，在“热热闹闹”中语文课失去了语文味。

【问题点击】

合作学习内容的指定，导致情感格格不入

学生辩论也是一种合作。《凡卡》是契诃夫的短篇名作，“含泪的笑”本是这位大师的主要创作特色，而作者却一反常态，以极其严肃的态度创作了这篇抒情心理小说。里面字字血泪，没有笑声。所以，案例中表面上热闹、活跃的讨论与此文显然是格格不入，而欲以此手段激发学生情感、碰撞出思维的火花，正如凡卡希望通过爷爷来拯救自己一般，无疑是缘木求鱼之举。

比较用语

“现在，你们根据意愿(兴趣、能力、内容……)需要合作学习吗?”

【典型案例1】

语文《登山》

教学《登山》这篇课文列宁和巴果茨基两次走小路的内容时，由于很难找到类似的影像资料，为了让学生体验当时的情景，更好地理解课文内容，我设计了这样的教学过程——

师：列宁和巴果茨基两次走过危险小路，我们可以通过怎样的方式来感悟当时的情形呢?

生1：放录像。

师：可老师没能找到有关的录像……(学生进入沉思状态，他们互相交换神色，点头。一会儿，小手高举。)

生2：我们合作演出来。

生 3:表演时如加上适当的旁白,效果就会更好。

生 4:还要加上一定的背景,渲染一下当时的气氛。

学生们一致赞同这些妙计。于是,一个个"剧组"诞生了。

几分钟后,同学们的表演开始了。他们在黑板上简单地画了背景,以讲台为峭壁,在靠讲台边只容一只脚的地方用粉笔画了一条线。只见,"巴果茨基"双臂伸开着,扭转了头,用碎小的步子向前移动着,正当大家为他捏一把汗的时候,一声"往回走"让大家的目光又投向了"列宁"。此时,"列宁"在"最危险"的地方停住了,胸口紧贴讲台,眼睛微闭,显得头晕目眩的样子。紧接着,他轻轻地呼出了一口气,像定了定神,又小心地向前挪动。这时旁白起:"路宽只能容一只脚,一边是峭壁,一边是深渊。"读者的语速不快,语调低沉,其中的"一只脚、峭壁、深渊"读得很重,让人从中感受到了这条路的危险。

表演继续,"巴果茨基"又伸开了双臂,扭转了头,用碎小的步子向前移动着。这时的扭转头、碎小的步子可以看出巴果茨基的提心吊胆、小心翼翼,更可以体会到小路的险。

等"列宁"过来了,两人迎着初升的太阳欢呼时,一个语调高昂、充满喜悦的声音响了起来:"……一股柔和的阳光正好穿透黎明前的薄雾,远处蔚蓝的湖水开始反射出耀眼的光芒……"

对第二次往回走,学生们表演得更是淋漓尽致。

此时,我不禁为学生们的精彩表演而高兴,更为他们合作得天衣无缝而喝彩。

在评价中,学生们各抒己见,有的说通过他们的表演,真切地感受到那份危险;有的说听了他们的读,理解了此时的"阳光"就是"革命的力量","黎明前的薄雾"是"沙皇的统治",仿佛听到列宁在革命胜利后爽朗的笑声;有的说,在他们的表演中,领悟到了一个革命党人勇敢、顽强的精神……对于同学们的说法,我一一表示肯定,看着他们一张张充满活力的脸庞,我由衷地感到欣慰。

【方法点化】

合作学习根据内容组合,让学生配合默契。

【典型案例 2】

数学实践活动“我们身上的小秘密”①

学生刚量完拳头一周的长和脚长，从汇报的数据中，发现了身上的第一个秘密——拳头一周的长和脚长是大致相等的，学生的兴趣很高。

师：同学们再来量身高和一庹的长。

生四人一组进行测量，并认真记下了数据，此时课堂气氛热烈。

生 1（突然跑到我面前）：老师，我想量量你的身高！

师（微笑着）说：好啊！

生 1（动手量）：唉呀！老师太高了，够不着，怎么办？（生抓头）

生 1（指同桌）：张宁，你过来帮我一下。

生 1：老师，你用手拿着上面，这样放在头顶上。张宁，你把着尺子中间，别弯了。老师的身高是 163 厘米，周洁，你记着。

生 1：老师，你真高！

师：将来你可能长得比老师还高。你们想不想知道老师的一庹有多长？

生：想！

生 1：老师你把手伸直。张宁，你把这边，我来量。老师的一庹是 159 厘米。快记下来，周洁。

师：既然你们这么关心老师，那我们就来观察这两个数据，想老师的身高和一庹之间有什么关系？

生 2（惊奇地）：差不多！

师：再看看你们自己的身高和一庹。怎么样？

生 3：很接近。

师：谁能把第二个秘密说出来？

生 4：身高和一庹的长很接近。

师：说得很精彩！我们的身上还有很多的秘密。动手量一量，看看你还有哪些发现？

学生活动，有的量头一周的长，有的量脚宽，有的量腿粗，有的量胳膊的长，有的量脖子一周的长，有的量手长……

---

① 山东文登市文峰小学　王芳

生5:老师,我有一个新发现,我的小腿粗和脚宽差不多。

师:你又发现了一个秘密,大家祝贺他!

生6:老师,我的头一周的长和一只胳膊的长差不多。

师:真了不起!

……

【方法点化】

合作学习根据需要组合,让学生紧密团结。

【典型案例3】

语文《与四季交谈》

强如冰、张姝雅、孙晓甜、沈志伟是一个优等生合作小组,阅读指导课上,他们常常以诗一样的语言抒发着自己的阅读感受,同学们也常常报以自发的热烈掌声。读完《与四季交谈》,他们写下了这样的句子:

听,那哗哗雨声;/看,那细细雨丝;/闻,那雨后泥土的芳香;/望窗外,农妇挑织,懒汉酣睡;/勤人收谷,智者拾情;/一幅幅和谐的画面,映入眼帘。

那和谐的韵律,优美的词句,深刻的哲理,令人难以相信是学生们短短20分钟内的作品。同质小组学习在这里实现了强强联手的效应,使组内每个人对问题的理解更加丰富、全面,思维也向深度和广度发展。

袁冰、周妍捷、徐雪羚、聂坚是一个中等生合作小组,她们更喜欢用一段朗读、一段点评的方式将自己的体会融入其中。这是她们阅读《面朝大海,春暖花开》的方式:

从/明天起,和/每一个亲人/通信,告诉/他们/我的幸福,那幸福的闪电/告诉我的,我/将告诉/每一个人。

聂坚同学点评:幸福转瞬即逝,要善待身边每一个人。

这种巧妙的形式是这些中等生的独创,它既满足了学生抒发情感的需求,又不露痕迹地掩盖了他们能力上的欠缺,真是一举两得呀!

【方法点化】

合作学习根据能力组合,让学生门当户对。

同质小组学习因为学生兴趣相投、水平相当,讨论起来格外带劲,发表看法也是各执己见，因而他们的发言通常是一种博采众长式的，这在优等生中尤其明显。而中等生阅读能力比较接近，他们更多地选择互相扶持的方式，才能形成比较全面的意见。对后进生而言，少了优等生的指导，给了自己一个自由表达的机会，还可以对同伴进行一番“指点”，将自己少许的经验倒出来，保持一点不可缺少的自尊。同质小组正是因为适应了不同层面学生的心理承受能力，所以有效地弥补了异质小组学习的不足。

【典型案例 4】

语文《幸福是什么》

在上《幸福是什么》的阅读汇报课时，我首先让学生用异质小组学习的方式，选择本组最需要提高的一个同学进行阅读汇报，然后，我又鼓励学生选择自己喜欢的形式自由编组，进行课外收集的有关幸福的文章的拓展阅读汇报，许多学生就选择了同质小组的学习方式。

在课堂上，从学生们的笔下、口中涌出了这样的妙语佳句：

幸福并不需要视觉，而需要用心来感受和理解。安静是个盲童，可她却能感受到春天的气息，难道我们正常人不行吗？（结尾的反问把人引向沉重而又深刻的思考之中）

幸福为什么会说“瞧这个诗人，他比我本人还要幸福”？
你看，今天那暖暖的照在大地上的阳光，
今天那可爱的在草原上尽情奔跑的马，
都在使我健康、快乐、富足，拥有一生。
幸福看见了我，便嫉妒我了，才会说：
“瞧这个诗人，他比我本人还要幸福。”

小作者模仿了诗歌本身的形式来表达阅读感受，将形似和神似巧妙地结合起来，真是匠心独运。

【方法点化】

合作学习根据意愿组合，让学生风采尽显。

课堂点睛

▶"指定合作"VS"需要合作"

对白

【话题1】:个体竞争→团体合作

传统教学:禁止交头接耳→注重自力更生、个体竞争→学生之间关系封闭、紧张→容易导致个人主义。

新课程教学:允许你来我往→提倡互相帮助、团体合作→学生之间关系开放、协调→容易发扬集体主义。

【话题2】:指定合作→需要合作

指定合作:

——可以促使学生形成合作意识、学会合作方法、体会合作功能、养成合作习惯;

——但是,有时"教师指定的合作"≠"学生需要的合作"→造成"为合作而合作"的不良现象。

需要合作:

——合作学习前的可行性分析:一看文本内容是否需要合作,二看学生实际是否需要合作→营造"为需要而合作"的喜人局面。

【话题3】:一拍即合→先分后合

虽然,合作不只是教学方式,合作也应是教学目标。

但是,合作学习不能"包打天下":

——不适当的合作内容(例如:浅显的教学内容、单一的教学内容、封闭的教学内容等),只会使合作"无关痛痒";

——不适当的合作方法(例如:只"合"不"作"、只"议"不"思"、只"说"不"听"等),只会使合作"逢场作戏";

——不适当的合作成员(例如:成员相同的搭配、性别相同的搭配、性格相同的搭配等),只会使合作“各自为政”。

所以,合作学习需要“见机行事”:

——合理选择合作内容,让学习材料为合作学习提供更好的土壤;

——合理设计合作方法,让独立思考为合作学习提供更多的保证;

——合理变换合作成员,让各种智慧为合作学习提供更大的碰撞。

喻言

天堂与地狱的区别

有人和上帝讨论天堂和地狱的问题。

上帝对他说:“来吧!我让你看看什么是地狱。”他们走进了一个房间,看到一大群人正围着一大锅肉汤,但每个人看上去都是瘦骨嶙峋,一脸饿相。他们每个人都有一只可以够到锅子的汤勺,但是汤勺的柄比他们的手臂还长,自己没法将汤送进嘴里,有肉汤喝不到肚子,只能望“汤”兴叹,无可奈何。

“来吧,我再让你看看什么是天堂。”上帝把这个人领入另一个房间,这里的一切和上一个房间没什么不同。一锅汤、一群人、一样的长柄汤勺,但大家个个身宽体胖,正在快乐幸福地歌唱着。

这个人不解地问:“为什么地狱的人喝不到肉汤,而天堂的人却能喝到肉汤呢?”上帝微笑着:“很简单,在这儿他们每个人都会喂别人。”

精点

俗话说:“强扭的瓜不甜。”“该出手时就出手”与“想出手时才出手”的微妙区别在于:前者带有 -种外力的强求,后者已是一种内心的需求。

创新提示

“聘请高手”与“征集高招”

“聘请高手”是鼓励学生在写作中开展交流与合作的一种形式。即自己修改作文后，再诚恳地请别人对自己的作文提出修改意见。虚心求教的人不一定就是写作水平很低的学生，被“聘请”的人也不一定就是写作水平很高的学生，只要他提出了一点值得采纳的意见就是高手。

“征集高招”是鼓励学生在写作中开展交流与合作的又一种形式。即学生把作文中不满意的地方或想写却写不好的地方，通过口头或板报向全班同学发布，征集修改的方法。此举的征集人主要是有一定写作水平的学生，他们有能力发现作文中存在的问题。“接招”的人也是有一定写作水平的学生，他们有实力帮助同学解决问题。

“聘请高手”和“征集高招”这两种修改作文的形式颇受同学们的欢迎，学生们兴趣盎然，直接体验到了修改作文的快乐。

新课程教师流行用语二十

流行用语

▶"请合作学习,哪个同学愿意来说一说。"

【典型案例1】

网络班会

有时候,有些突发事件,由于没有时间让小组准备,或者有些主题特别需要集体讨论时,就可以采取师生共同在网络教室里进行班会这种方式。

需要做的准备工作是:班主任在校园网内建立一个属于自己班级的论坛,并要求各组在班级论坛里注册一个身份,每个小组的成员须共用一个用户名和密码。上课时,班主任自己用一台可以控制学生操作的计算机,学生则人手一台。

这类班会进行的程序如下:首先,班主任给出班会课讨论的主题,留出几分钟的时间让学生做自由讨论或独立思索;然后,各组明确各自的任务,由组长再细分到各个组员处,各自在规定时间内查询。同时,可以将查询到的结果即时发送到班级论坛里,班主任以最快的速度浏览和答复。最后,查询时间到,各组通过发帖子和回帖的方式互相交流,就会有一个新的综合性的观点出炉,直至全班对某一个观点达成共识,或者得出一些具有代表性的意见,一个讨论就告一段落。

【方法点化】

网络合作，讨论出一片新天地。

【典型案例 2】

数学"分数的意义"

一位教师在执教"分数的意义"一课时，为每小组提供数量不同的花生米，让学生以小组为单位进行分一分，最后比一比，看看哪个小组得到的分数多。交流时，出现了这样的场面——

师：刚才同学们通过合作探索，一定发现了不少的分数。下面哪个同学能起来交流一下？

生 1：我把 12 粒花生米，平均分成 4 份，这样的一份是$\frac{1}{4}$，两份是……（边讲边操作）

师：说得不错，还有哪个同学起来交流一下？

生 2：把 15 粒花生米，平均分成 3 份，这样的一份是$\frac{1}{3}$，两份是……（边讲边操作）

师：很好，还有不同的吗？哪位同学还能上来演示一下？

生 3：还可以把 20 粒花生米，平均分成 5 份，这样的一份是$\frac{1}{5}$，两份是……（边讲边操作）

师：嗯，这位同学平均分成了五份，也可以得到不同的分数。

【问题点击】

"哪个同学来交流一下"，说的是个人主意

案例中，学生的研究过程是在小组中进行的，但很可惜，在交流的时候，教师无意中却把交流者指向了个体的学生，相应地，评价也指向了学生个体。发言者所说的是他自己的个人意见，教师的评价也是对他个人的评价，小组合作学习没有落实好。

相反，该教师如果在汇报、交流与评价的时候，让学生以小组为单位进行，把评价的对象指向小组群体，指向学生集体的研究成果，孩子们的积极性就会被充分调动，各小组会在阐述自己小组意见的过程中理清思路、澄清认识、发现真知。这样的课堂，将是小组间合作探究、相互交流、思想碰撞并产生“共鸣”的课堂。

【典型案例2】

语文《三袋麦子》①

三年级语文课堂上，老师：“请同学们四人一小组合作练习表演《三袋麦子》，过会儿老师要比一比看哪个同学表演得最好。”四个同学很快分好了工，一个演土地公公，一个演小猴子，一个演小猪，一个演小牛，开始了练习。

练习完毕，老师选了有朗读高手张英、又有表演天才马勇的一小组上台展示。可表演下来，张英演的小猪语气不错，但表情动作一般，特别对文中体现小猪憨厚的关键词“舔了舔舌头”没有很好地诠释；马勇演的小猴动作神态很可爱，可语气又不行；同组演土地公公的徐斌只是照着书干巴巴地读了一遍，而徐斌在读时，马勇和张英还在一边偷偷地笑，特别是张英在演小猪时，马勇故意把舌头伸出，夸张地做了个舔了舔的动作，惹得下面同学哈哈大笑。

课后，老师对马勇说：“马勇你演得这么好，刚才为什么在练习的时候不给张英说说？”马勇却说：“我说给她听，她不是超过我了吗？你不是说要看谁演得好吗？”张英说：“上节课，您让我们讨论，马勇说的还是我的想法，可你只表扬了他没表扬我……”

【问题点击】

“比一比谁演得好”，比出了个人主义

“比一比谁演得好”，说明老师还是把学生当作一个个个体来看待，以一个个个体的标准来衡量评价学生。这看似简单的一句话，却扼杀了学生集体智慧的发挥，团队精神的弘扬，削弱了小组凝聚力。

---

① 江苏宜兴市杨巷小学　蒋成荣　张红星

比较用语

“请合作学习，哪组同学愿意来说一说。”

【典型案例1】

语文《这儿真好》

在执教国标苏教版《这儿真好》这篇课文时，由于这节课有课件展示，有画演示，因此学生已经表现出较大的学习热情。我不失时机地设计这样一个问题：“各组小朋友商量好了吗？你们准备怎样帮小熊把小岛打扮得更美？”孩子们兴奋地齐声回答：“商量好了！”“好，现在请各组的小朋友谈谈自己的想法。”

“我想栽许多花。”“我想种许多苹果树。”“我想建一幢大楼……”孩子们争先恐后讲述自己的想法。他们都以自己为中心，同组有多少个学生就有多少种想法，根本没有达成“共同”的目的。

“现在请第三组小朋友讲一讲他们最后的想法。”结果，孩子们七嘴八舌，各有想法。“哦，第三组的小朋友想象力真丰富！”我对孩子们说。孩子们还没有学会合作，交流。

“但是，老师现在想让各组小朋友集体画出一幅小岛美景图，你们有这么多的想法，能画出来吗？”

小朋友经我一说，明白了，各小组开始认真商量……

我在各小组之间巡视，指导。我惊喜地发现孩子们都能围绕“小岛美”这个主题展开想象，互相补充完善，不再七零八落，孩子们都认真地在合作中完成同一项任务，他们一块儿研究，一块儿体验成功的快乐。

【方法点化】

集体作画，促使学生关注合作意识。

【典型案例2】

历史与社会《学习改变命运》①

人教版《历史与社会》(七年级下册)“学习改变命运”教学片段——

师:知识就是力量,学习改变命运,对照书本,请你对你的学习和所学的知识进行思考,并提出和本课有关的问题。大家把你想提的问题写在自己的本子上,看谁提的问题有新意而且让大家都感兴趣。

学生看书、思考,有的学生动笔把想提的问题写了下来。教师不断地在教室里巡视,与学生交流。

师:我看到每个同学都提了问题,但是这么多的问题都在课堂里解决是不现实的。现在我们以学习小组为单位,进行讨论,在小组中交流你们的问题,能在小组中解决的就在小组中解决,实在不能解决的,就拿出来,我和你们一起解决,每个小组都可以提出你们最想提的问题。比一比,哪个小组提得最好。

学生展开了热烈的讨论,看得出他们的讨论很认真,很投入,有的小组甚至开始争吵起来,教师在小组间进行协调。

师:现在我请同学把你们组的问题提出来。

第一组:我们想提的问题是,为什么现在有知识的大学毕业生找工作很难?

师:这个问题很有现实意义,而且与本课内容联系密切,提得太好了!哪个同学可以帮助我解答?

生1:我认为这主要是因为现在的大学生书本知识学得很多,但实践知识太少,不能把自己所学的知识运用到现在的生活中去,不能适应未来的工作岗位。

师:哦,我明白了,看来不仅要学习书本上的知识,而且要在社会实践中进行学习,学习实践知识。

生2:我认为这主要是因为现在的大学生所学的知识太窄,就那么几门热门的专业,但社会的需求并没有那么多。

师:这个同学的意思是应该一专多能,谢谢你对他们的提醒。

生3:我觉得是因为现在社会上大学生太多了,找工作当然就不容易,应该让他们学更多的知识,要继续深造,也就是要找到好的工作,就必须拥有比别人更多的知识。

……

---

① 浙江省嘉兴市秀洲区教研室　施福荣

师：看来这个同学提的问题相当好，引起了大家热烈的讨论，我知道同学们还有许多的看法，课后大家可以接着讨论。我们都知道：提出一个问题比解决一个问题更重要，善于提问题是善于学习的体现。下面我要看看别的小组有什么问题？

第二组：老师，你说知识就是力量，学习改变命运，那为什么有的人没有知识，却照样挣大钱呢？

师：是呀，前面同学提出有知识的大学生找不到好的工作，现在又提到社会上有的人没有知识但却过着十分富足的生活，这两个问题是有联系的，我们应该怎样解释呢？哪位同学愿意对此发表看法？

生1：我认为这种现象是少数的，是改革开放初期出现的现象，以后这种现象会越来越少，应该说在世界上绝大多数的人是靠学习和知识，才有了富裕的生活，比如比尔·盖茨、张朝阳等，都是具有丰富知识的人或者热爱学习的人。

生2：没有知识的人却改变了自己的命运，往往是他们比较善于抓住机会，这在一定程度上弥补了他们在知识上的缺陷。

生3：虽然他们没有知识，但他们很善于在实践中学习，比如他们也要学习许多的经商之道。

师：通过大家的讨论，我们明白了，这种现象是少数的、极个别的，而这些人往往是善于抓住机会，并能在实践中不断学习的人，或者有丰富实践经验的人。我们再看看别的小组所提的问题。

第三组：老师，怎样的知识才是有力量的知识，我们现在学的知识到底有用吗？

第四组：老师，那么你是不是也是因为学习改变了你自己的命运呢？

第五组：……

【方法点化】

发言评点，促使学生关注合作秩序。

【典型案例3】

让学生"注目"倾听①

我们发现，学生讨论交流时不耐心倾听别的同学的发言，甚至随意打断别人的话。所以，如何教会学生倾听，成了进一步推进语文课改的一大问题。

---

① 福建省莆田市城厢区南门学校　黄丽生

于是，教学中，我进行了积极的尝试，那就是：让学生"注目"倾听。具体做法是：在全班学生交流发言时，要求其他的学生向发言者投去关注的目光，并用友善或欣赏的目光，以鼓励发言者说得更好，也促使自己听得更专心。当发言的学生在前排时，就让其适当地侧转身子，如果发言的学生在教室的后排，则让前面的学生适当地转过身体。

要让学生学会"注目"倾听并养成习惯，可从以下几方面入手：1. 教师示范。教师是学生的活教材，有怎样的教师就有怎样的学生。所以，当学生发言时，我总是注目倾听，并时时用"无声语言"提示或鼓励发言的学生。这不但能及时捕捉学生发言中的信息，调整自己的教学方式，也对学生起到了示范作用。2. 注重引导。我在刚接新班时，大多数学生没有这种"注目"倾听的习惯，我总会不厌其烦地引导学生这样做，并要求他们用鼓励、欣赏、友善的目光去注视同学，对那些"注目"得好的学生则给予及时的表扬。通过一段时间的训练后，学生便由"不自觉"走向"自觉"，养成习惯。3. 将心比心。对个别不肯"注目"倾听的学生，我常常让他们作换位的思考或体验——当他们发表意见时，大家有意不去"注目"倾听，让他们尝尝那种不受关注的感觉，然后在课外时间找他们谈话。人同此心，心同此理，当他们自己体验到了不被关注的心理感受时，他们就知道自己应该如何关注和尊重别人了。

让学生"注目"倾听，有以下的好处：第一，有利于提高倾听的质量。心理学的研究表明，人的听觉和视觉有许多相通之处，当人们的注意力集中于某种事物或某个人时，不但需要听其声，也需要观其形。反之，当"视""听"对象不一致时，两者便会互相干扰，降低信息接受和理解的质量。小学生的注意力容易分散，在倾听时，更容易受视觉的干扰而分散注意力，所以，让他们把视觉和听觉都集中于发言者的身上，无疑大大提高了倾听的效果。再说，发言者在发言时总有相应的表情和动作，这种第二语言，同样是发言者所散发出的意义信号，关注它，能帮助倾听者更好地解读发言者所输出的内容。第二，有利于提高发言的质量。人往往在被关注的氛围下能更好地发挥自己。发言者从倾听者的注目中，感受到听众的存在和自己发言的价值，从而得到鼓励，以使潜能得到发挥，思维更加活跃，提高发言的质量。第三，有利于增进同学之间的感情。关注与被关注，倾听与被倾听，不只是为了讨论和解决学习的问题，更是一种情感的沟通与交流。同学之间就是在这种相互的关注与倾听中加深了感情，从而打造了良好的班级情感氛围。

我班师生正是由于形成了"注目"倾听的习惯，所以，课堂上师生之间、生生之间情感融洽，总是互动交流得特别好。

【方法点化】

注目倾听，促使学生关注合作伙伴。

【典型案例4】

“我们小组……”

在合作学习中，我们在要求小组汇报时，首先将老师自己的口头禅“比一比哪个同学演得好”改为“比一比哪个小组演得好”，“哪个同学愿意来说一说”改为“哪个小组愿意来说说”。同时提醒小组推选的“代言人”也将“我怎么怎么看”改为“我们小组怎么怎么看”，“我觉得如何如何”改为“我们小组觉得如何如何”，“我认为什么什么”改为“我们小组认为什么什么”。

这样一改，就暗示学生老师是以小组为单位评价的。让学生感到为了小组的利益，为了小组的成功，不仅要关注“我怎样”，更要关注“我们小组怎样”。促进小组成员竭尽全力地帮助组内学困生，毫无保留地说出自己的想法观点，非常乐意地和小组成员交流讨论，对个人完成的任务进行小组加工，努力探求解决问题的最佳方案。

【方法点化】

代表小组，促使学生关注合作团体。

课堂点睛

“个体评价”VS“团体评价”

对白

【话题1】：组内交流→组际交流

个人思考→组内交流→组内评价（判断、论辩、补充、修改、整合、完善）→小组意见→组际交流→组际评价（判断、论辩、补充、修改、整合、完善）→全班意见。

【话题2】:个体表现→团体表现

◇组内交流时,注重个体表现:

看一看是否进行了个人思考→看一看是否拥有了个人想法→看一看是否倾听了他人意见→看一看是否琢磨了他人观点。

◇组际交流时,注重团体表现:

看一看是否进行了小组活动→看一看是否代表了小组见解→看一看是否倾听了他组意见→看一看是否琢磨了他组观点。

【话题3】:前期考察→后期考察

◇合作活动的前期考察:

合作准备是否充分=个人情感是否投入+个人思考是否深入+个人交流是否融入+……

◇合作活动的后期考察:

合作效果是否明显=合作成果有无众志成城+合作成果有无资源共享+合作成果有无智慧互补+……

喻言

分粥的学问

有七个人住在一起,每天分一大桶粥。要命的是,粥每天都是不够的。一开始,他们抓阄决定谁来分粥,每天轮一个。于是乎每周下来,他们只有一天是饱的,就是自己分粥的那一天。后来他们开始推选出一个道德高尚的人出来分粥,但强权就会产生腐败,大家开始挖空心思去讨好他,贿赂他,搞得整个小团体乌烟瘴气。然后大家开始组成三人的分粥委员会及四人的评委会,互相攻击扯皮下来,粥吃到嘴里全是凉的。

最后想出来一个方法:轮流分粥,但分粥的人要等其他人都挑完后拿剩下的最后一碗。于是乎为了不让自己吃到最少的,每人都尽量分得平均,就算不平,也只能认了。大家快快乐乐,和和气气,日子过得很愉快。

同样是七个人,不同的分配制度,结果导致了不同的风气。

精点

当在"你、我、他"之间架起一条情感热线后,就会合成"你们、我们、他们"之间更大的能量和更多的智慧。

创新提示

班级组制

从教学工作上来看，以往学校评价一个教师，主要看他任教学科的成绩。现在，学校实行班级组制，不看重单科成绩，而看重班级的整体表现。以往一些老师为了提高自己的单科成绩，大搞题海战术，拼命地挤占时间；但现在这样就不行了，必须得从整体考虑，否则就会成为集体的罪人，遭到大家的反对。

假如哪次考试班级的成绩不理想，大家都会自觉地看一看，是不是自己所教的学科拖了班级的后腿。一旦自己任教的学科成绩不理想，不用领导批评，教师自身就会产生压力，感觉有愧于搭班的同仁，自然会认真分析失败的原因，并在下一阶段的教学中加以改进。

如此一来，班级的各位任课老师相互协作，相互沟通，相互理解，班级的整体、学生的整体，自然可以得到较为全面的发展。班级组制，让“一切为了学生的发展”不再是一句空话。

新课程教师流行用语二十一

流行用语

▶"真聪明,表扬你。棒!棒!棒!你真棒!"

【典型案例1】

"鸭子"的故事①

我班的一位男生吴×由于走路姿势较奇特,同学们就给他起了一个外号叫"鸭子",并经常合伙欺负他。吴×的性格也因此变得有些怪僻:不爱说话、上课常走神,也没有要好的朋友。我注意到了这种情况,除了在班内加强同学间友爱的思想教育外,还常叫吴×做些小事,如为我拿教科书、发作业本等,并借机表扬他做事负责;上课时,我时常叫吴×发言,只要答对一点就大加赞扬;春游时,我发现他在小声唱歌,就叫上一些同学一起来欣赏他的歌声,并鼓动大家一起赞美他的歌唱得好、英语学得棒;在一次学习人物描写的作文课上,我发动同学们写"漫画迷吴×"、"英语通吴×"等,将他的长处全写进了作文里,并选一些优秀习作当众评讲,吴×被夸得满面红光。

一段时间下来,由于我对吴×的"器重"与爱护有加,并且令同学们意识到他身上那么多的优点,渐渐地,同学们不再嘲笑、欺负吴×了,现在虽然仍有学生叫

---

① 江苏无锡市健康小学 江晓

他“鸭子”，但不再带有歧视的意味，而成了对他的昵称。吴×本人说话也大声了，性格也开朗了，变得更自信了，并开始交朋友了。有一次平行班老师来借班上课，课后还特意向我称赞吴×发言特别棒，讲得头头是道。

【方法点化】

表扬的力量，点亮了学生的心灯。

【典型案例 2】

语文《赠汪伦》

师：《赠汪伦》这首诗是哪个朝代的哪位诗人写的？

生：《赠汪伦》这首诗是唐朝大诗人杜甫写的。

师：你真能动脑筋，跟正确答案只有一步之遥！

【典型案例 3】

语文“修改病句”

师：“博物馆展出了两千多年前新出土的文物。”谁愿意修改？

生：博物馆展出了两千多年前的文物。

师：真聪明！表扬他。（掌声）

【问题点击】

随心所欲的表扬，模糊了学生的评价标准

案例 1 中答错受到了表扬，对受表扬者而言这是表扬还是批评？对其他学生而言，答错好？还是答对好？

案例 2 是一种典型的奉命式表扬：(1)学生觉得不公平。“他有什么值得表扬，我也知道！”(2)扼杀了学生的创新思维。“这是最好的答案，幸亏我没有举手！”(3)缺乏应有激励性，使受表扬者觉得表扬来得太容易。

学生的思维从质量上分析是存在着层次性的。有的属于大众化的，大家都能想到(如案例 2)；有的进入了误区，出现了思维偏颇(如案例 1)；有的则代表了一种独有的，具有创造性的见解。而这里要分清什么才是真正需要加以彰显的。正如一味惩罚不可取一样，一味表扬也是不可取的。对学生而言，过多的夸奖会导致上瘾，过多的表扬会让他们习以为常，可能使他们浅尝辄止和随意应付，还可能会在学生思想上造成混乱，导致“是非准则”的丢失，丧失判断能力，助长学生爱听好话的心理。

激励手段的应用要做到适当准确，适时得体，不缺不滥，这里有个“度”的问题。第一，学生回答的问题富有创见或者“标新立异”时要给予激励。第二，当学生表现有异于平常时，例如：一个后进生解答出一道对于他来说比较难的问题时；一个平时性格内向的同学大胆举手回答问题时可以给予激励。第三，课堂气氛不活跃，学生的精神状态不佳时，我们可以运用激励手段。像一个有舞台经验的歌手，总是善于在关键时刻去调动观众的情绪那样。

【典型案例 4】

语文《兰兰过桥》

有位教师在教学《兰兰过桥》总结课文时启发道：“请同学们想想，你头脑中神奇的桥是怎样的?”话音刚落，一个小男孩站起来一口气说了四种神奇的桥，教师评价说：“你真聪明。”我仔细瞧瞧，那个学生一脸平静，不经意地坐了下去。显然，学生听多了这样泛化的评价，早已产生审美疲劳，不感兴趣了，评价的功能何以体现？如换成比喻性语言：“这位同学长大后，也会是一位会变魔术的桥梁专家。”这就会大不一样。这样的语言形象具体，能激发学生的想象，把自己和“会变魔术的桥梁专家”联系起来，幻化出自己也是桥梁专家的美好形象，从而获得极大的心理满足，进入更加积极的思维状态。

【问题点击】

习以为常的表扬，麻木了学生的心灵感应

比较用语

“真努力，有进步(收获、贡献……)，表扬你。希望你再接再厉!”

【典型案例 1】

“不赞聪明赞勤奋”

教学中，我用真诚期望的态度对待学生，对表现好的学生采用“不赞聪明赞勤奋”的方式激励他。因为心理学家的一项最新研究显示：那些被称赞为聪明的孩子往往变得过于注重考试成绩，一遇到挫折就灰心丧气，而那些被夸奖为努力和刻苦的孩子，更富有持久的上进心和学习兴趣，他们认为智力和能力是可以通过刻苦学习来提高的，从而更愿意承担有挑战性的学习任务。

我对一些课上反映出尚有知识缺陷的学生，则在课后“对症下药”，把解题方法或针对性习题装入信封，作为“礼物”送给他，让他们获得被重视感及知识的补偿。有时，我还把一些进步学生的成绩编成习题供学生练习，起到“此地无声胜有声”的激励效果。

【方法点化】

“勤奋了”——就能真正地获得进步。

教育家第斯多惠说得好：“教学艺术不在于传授而在于激励，唤醒，鼓舞。”任何知识的学习过程，都是智力因素和非智力因素的综合反映。其中，非智力因素在学习活动中起着动力、引导、维持、强化等作用，它可促进智力因素的发展。

【典型案例2】

“努力了，就行了”

每个孩子，尤其是一年级的新生，对校园生活充满了新奇，他们真的像一条条天真可爱的小鱼从幼儿园这个小池塘游到了小学这方充满好奇、充盈着活力的大池塘。这个大池塘里应该有孩子的喜欢和需要，更有能激发孩子想象和潜能的场景。如校园的每棵树上挂着树名，认会的小朋友加一颗星；帮助老师发本子，发对的加一颗星；数一数学校的老师，男老师多还是女老师多，多多少，算对的能加星；给过生日的小伙伴设计一样别致的小礼物，并能说上几句祝福的话也能得星……

让其他学科教师也参与其中，多多创设让“小鱼”觅食的机会。如“小画家”评比，“我是班中小百灵”竞赛，“我会跳绳了”体育竞技，“我学会帮助别人了”等等。

让他们满怀憧憬地参与社区活动，让社区的叔叔阿姨来评一评；让他们融入假日小队，让小伙伴来评一评；让他们有意识地体验父母的辛劳，在感恩教育过程中让家长也来夸一夸子女的进步；让他们各自拥有一个成长档案袋，用心记录自己成长的足迹，自信地为自己添上一颗星……

我相信，“小鱼”在这样的环境中，即使游得慢些，也能得到几颗属于他自己的星星。

【方法点化】

“努力了”——就能真正地获得好评。

【典型案例3】

“教学无所谓输赢”

面对“把一个圆分成两份，每份是它的二分之一”这一观点，学生出现了对、错两种判断。

教师根据意见的不同把学生分成两组，先进行讨论，再派代表到黑板前辩论。通过一番唇枪舌剑的交锋，辩论的双方终于达成了共识。问题是，此时怎样让胜、败双方都体面地走下讲台呢？

教师面对胜方：祝贺你们，感谢你们精彩的发言给同学们留下了深刻的印象。

教师面向败方：老师也要感谢你们，正是因为有了你们这个问题，才使老师和同学们对这个问题更加清楚了，谢谢你们。

【方法点化】

“挑战了”——就能真正地获得胜利。

【典型案例4】

“让自己的‘地’里多一些收成”①

记得一次写字课后，我随意选了几幅写得较好的字，贴到了教室的墙上。课后，学生们围观着指指点点，议论纷纷，我听出了他们的赞叹，看出了他们的兴奋。一周后，我发现一个后进生站在自己的作品前，轻轻地抹平作品微微卷起的一角，自我陶醉着、欣赏着。那认真的动作、专注的神情真正地触动了我，孩子们需要这小小的“阵地”，在乎这小小的“荣誉”。

这次偶然的发现，让我决定为每个学生搭建一个展示自己的平台，开辟一个发展自己的空间。那天放学后，我留下几个班干部，将教室后面的墙重新布置了一番，给每个同学划分一块“地”，每块“地”分别贴上学生的名字。第二天我对同

---

① 江苏洪泽县实验小学　蔡永梅

学们说："从今天起给你们每个人划分一块'地'，看谁的'庄稼'长得好，看谁'庄稼'长得多，你们有信心'种'好它吗？""有！"响亮的回答在教室上空回荡，我听出了一种自信，感受到了一种力量。

练字课不要老师多讲了，每次写字课学生很自觉地练字，而且写得很用心，字也很工整，墙上漂亮的作品逐渐多了。

识记生字词不要布置了，学完一课后听写，全对的贴上墙，错的订正。学习下一课时，将前一课易错的词再听写，环环相扣，不漏一个生字词。学生们都希望自己得"100"分，让自己的"地里"多一些收成，他们都自己想办法记住生字新词。

背、默课文不要督促了，每次学完课文后，组织默写，全对的贴上墙。

课外阅读的兴趣浓了。我提议同学们把自己阅读的精美语段（或者从网上下载的美文），摘录下来向其他同学展示，和大家共享。于是出现了冰心的《三寄小读者》、《纸船》，朱自清的《春》、《绿》、《荷塘月色》等作品，以及鲁迅、叶圣陶、郭沫若等著名作家的作品介绍；出现了当代诗人余光中的《乡愁》，出现了汪国真、席慕容的诗歌；出现了好书推荐《谁动了我的奶酪》、《哈利·波特》、《钢铁是怎样炼成的》、《童年》、《在人间》、《狼兄弟》等中外文学作品；出现了《中国之最》、《中华历史故事》、《世界七大奇迹》的介绍；出现了描写春、夏、秋、冬的诗词歌赋，甚至还出现了英语、数学等学科的学法指导……

学生的书读多了，诗背多了，也就会涌动着写的激情。学完郭沫若的《白鹭》，他们写出了《天使》："像画一样悠然/如歌一般优美/似诗一样精巧/是大自然的杰作/是最美妙的音符/是最动听的歌。"唱出了《赞白鹭》："像一道清泉/一缕阳光/自在悠闲/像会唱歌的花朵/会跳舞的白云/尽情翱翔。"每逢节假日，他们的"地里"都会长出各种庄稼。放眼望去精彩纷呈、欣欣向荣。

【方法点化】

"展示了"——就能真正地获得光荣。

【典型案例5】

特别的奉命鼓掌

一次，在模范班主任毛蓓蕾的班上，举行了"我们是红军的新一代"的诗歌朗诵比赛。一个有先天性生理缺陷——吐字不清的学生小孙，在其他同学带动下走上讲台，她一口气吐出"长征路上"四个字后，好不容易才把"百花开"三个字迸了出来。这时,毛老师发现坐在末排的一个学生努着嘴在学她,眼看小孙继续朗诵下去就会引起哄堂大笑,既会影响比赛效果,又会伤害小孙的自尊心。毛老师立刻用眼神示意同学鼓掌。

掌声一停,毛老师鼓动大家说,“同学们,小孙决心学习红军不怕困难的精神上台来朗诵,这很好。看到同学有困难,应该怎么办?”“帮助她!”同学们大声回答。“对!一人有困难,大家来帮助,这才是红军的好作风。好,我们大家和她一起来朗诵。”顿时,整个教室响起响亮的朗诵声,小孙的声音融汇在大家的声音里。朗诵完毕,小孙激动地回到自己的座位。

【方法点化】

“灵活了”——就能真正地获得感动。

学生都有自尊心,同时自尊心也最脆弱,尤其是有先天生理缺陷的学生。毛老师靠着敏锐的观察力,创造性地引导学生整体朗诵,既呵护了小孙的自尊心,又利用这个契机,提高了全班的团结协作精神。

课堂点睛

▶“先天聪明”VS“后天努力”

对白

【话题1】:消化缺点→亮化优点

∵月有圆缺——人有优缺。

放大人的缺点——打击人心;

放大人的优点——激励人心。

∴教师应做到:“取长补短”→让学生达到:“扬长避短”。

【话题2】:赞扬无界→赞扬有价

∵教师第1次赞扬→学生“十分”感动,

教师第2次赞扬→学生“九分”感动,

教师第3次赞扬→学生"八分"感动，

……

教师第($n-2$)次赞扬→学生"八分"麻木，

教师第($n-1$)次赞扬→学生"九分"麻木，

教师第n次赞扬→学生"十分"麻木。

∴教师应想到：慎用"赞不绝口"→思用"待价而沽"——为何表扬？何时表扬？如何表扬？

【话题3】：智商定格→情商跟踪

∵

语言表述	预期反应	观察结论
"你真聪明"	被评者自鸣得意 旁听者自感失意	成功更在于先天的智力
"你真努力"	被评者斗志昂扬 旁听者奋发向上	成功更在于后天的努力

∴教师应做到：不赞"聪明"赞"勤奋"。

喻言

弹簧的威力

一根平常的弹簧，什么样的制作材料，什么样的制作工艺，决定了什么样的成型状态，这如同先天"基因"。

但，后天的"努力"，却可以改变它的姿势——"拉长"与"压缩"，进而可以产生它的优势——"收力"与"弹力"。

正是如此，使这根平常的弹簧不"平常" 真正的货真价实。

精点

"不给阳光也灿烂，缺少雨露也滋润，没有源远也流长"，这就是"后劲"的威力。

创新提示

批评也快乐①

在一节“鱼的呼吸”的探究课上，一开始，就有一对同桌的女生在窃窃私语，因声音不大，当时我也没马上指出来，就开始讲课。

“同学们都知道鱼是用鳃呼吸的，而鳃的外面我们能不能看见呢？”

“不能，鳃的外面有鳃盖。”

“那我们能不能看出鱼在进行呼吸呢？”

“鱼呼吸的时候，它的口和鳃盖会交替地张开和闭合。”

课上到这儿，我看见那对女生仍意犹未尽，在说着悄悄话，就结合教学内容临场发挥：“大家已经知道鱼呼吸的时候，它的口会动。现在老师发现我们班也游进来两条小鱼儿，要不她们的嘴为什么从一上课就动到现在呢？”说到这儿，同学们都会心地笑了，那对女生也在笑声中回过神来，不好意思地笑了。

批评如能结合当时的教学内容进行渗透，就会使批评变成阳光雨露，不仅能使教育起到“润物无声”的效果，而且快乐也会接踵而至。

---

① 江苏无锡市华庄中学　何明明

新课程教师流行用语二十二

流行用语

▶"老师奖你一个小红花(小礼物……)。"

【典型案例 1】

数学"求比一个数多几的练习"

1."你说得最响,奖励你一颗五角星。"一年级的数学练习课,学生看卡片口算。共 12 张卡片,12 位小朋友口答,都答对了。最后,老师选其中一位,这样评价。

2."100 以上的数我们没有学过,你都能说,老师奖励你。"面对"64 只蝴蝶标本,40 只蜻蜓标本",教师请学生提出问题。生:"蝴蝶标本和蜻蜓标本一共有多少只?"另请学生解决这个问题。学生这样说:"64+40=104(只),答:一共有 104 只。"教师这样评价。

3."你是第一个提问的同学,老师奖励你一颗五角星。"学生看书上的情境图:小灰兔运走了 18 个萝卜,小白兔说:"还剩 10 个。"教师让学生提出问题,由于是逆向的思维,开始学生都不举手。过一会儿,一生举手发言:"一共有多少个萝卜?"教师这样评价。

【方法点化】

爱的礼物，送给学生进取的见证。

奖励五角星是低年级教师比较常用的激励学生的方法。这节课，教师奖励五角星的就这三次，而且为什么奖励，老师都说得明白。因此，这与其说是奖励，不如说是对其他学生的激励。三句话背后的意思应该是："大家回答问题时也要这样响亮。""大家不要怕没有学过，只要动脑筋一样能做出来。""大家可要勇敢地发言哦！"由此看出，老师看重的是学生非智力因素方面的培养，这与我们现在的数学教育目标相吻合的。

【典型案例 2】

"哇——老师送的书！"①

总有家长对我说："老师啊，我的孩子在家不爱读书，孩子们最听你的话了，你说说他吧！"其实，为了培养班上学生的阅读习惯，我还真下了不少功夫，但总有些学生热情不高，怎么办呢？

一个偶然的机会让我有了新的想法。那天是一节班会，其中有个小环节是我为几个有进步的学生发奖品小本子。当几个孩子羞羞怯怯上台领小本子的时候，他们的样子吸引了我——恭恭敬敬接过小本儿，捧着，笑着，轻抚着，宝贝似的看了又看。我突然想到，如果捧在他们手里的是书会怎样呢？哈，这个想法真让人兴奋！

在不久之后的家长会上，我和家长们就孩子阅读问题达成共识——每位家长购买一至两本适合孩子阅读的好书存放在我这里，由我选择适当的机会或奖或送给这个孩子。（当然，这一切孩子是不知情的）我的想法得到了家长们的热烈响应。

很快地，我收到了第一批书。瞧，《安徒生童话》、《格林童话》、《伊索寓言》……第一本书先送谁呢？李楠！这个猴子一样灵巧又坐不住的男孩子，《爱的教育》就是他的妈妈刚刚送来的。不知他会是什么反应？

一节语文课就要结束的时候，我对大家说："这一节课，李楠发言很积极，坐姿也端正"，所有的目光都集中在了李楠身上，李楠坐得越发端正了，小脸红红的，嘴角全是掩不住的笑。"为了表扬李楠，老师想送给他一份礼物！"

① 湖北省十堰市人民小学　陈海燕

啊?居然还有礼物!孩子们紧盯着我,想知道这礼物会是什么。

“李楠,来看看老师的礼物!”那孩子受宠若惊地走上台,兴奋地接过礼物,在我的示意下,他小心翼翼地打开纸袋,更加小心翼翼地,他拿出了里面的东西。居然是一本书!大家都很意外。

“喜欢吗?”我含着笑悄声问李楠,他使劲地点着头,爱不释手地捧着这来自老师的礼物。

“来,李楠,给大家读读书名!”我说。

“爱——的——教——育!”稚嫩的声音是这样的清脆。

我说:“老师把这本书送给你,希望你能和它交上朋友,也希望在下一次语文课上,你能给同学们讲一讲书里的故事,好吗?”

班里的每一个孩子都无比地羡慕,我心里想:火候到了!我问:“同学们!你们想得到老师的礼物吗?”“想!想!”声音震耳欲聋。我清了清嗓子,郑重地说:“孩子们!老师的礼物喜欢和那些爱读书的学生交朋友,如果谁表现得好,我就送给谁一份礼物!大家说好吗?”“好!”全班异口同声地嚷道,个个志在必得的样子。

那以后,隔三岔五地,我就“送”书给学生,每一次相送都伴随着一次心潮的涌动。送书的人情深意浓,接受书的人欣喜异常。

又有家长来交流了:“嗨呀!这书经您这么一送,成宝贝啦!白天看,晚上看!还不许别人碰,又包书皮又夹书签。啧,那叫一个爱!这不,我又给您秘密送粮食来啦!”边说边喜滋滋地递给我两本书。至今,他已送来过三本书,全让孩子消化了,怎么能不乐呢!

班里的“小书虫碰头会”每周必开,孩子们在会上侃侃而谈,聊书,聊作家,聊读书的趣事;还可以借书、换书,每次的主持人都是他们自己选定,老师我也以一个书虫的身份参加,有时也大谈特谈自己最近看到的一个好故事,或者声情并茂地朗诵一首好诗,并见缝插针地表扬那些读书有进步的孩子,时不时地为他们加油鼓劲。在不知不觉中,孩子们已把书当作了最亲密的伙伴。

耳边时常回响起孩子们惊喜的那一句:哇——老师送的书!亲爱的孩子们,当多年后,你们知晓了这个小小的秘密,老师相信你们已腹有诗书气自华!

【方法点化】

爱的礼物,送给学生读书的热情。

【典型案例 3】

“这条小鱼也在乎”

那天去儿子学校参加一年级家长开放日活动。听完课，儿子得意地牵着我的手来到教室后面的“学习园地”前，胖乎乎的小手指着一条贴满小红星的小鱼对我说:“妈妈，班上数我那条小鱼最棒，上面的红星最多。”一股喜悦涌上我的心头，我摸摸儿子的小脑袋算是一种肯定与奖励。

这时我惊奇地发现，儿子那条“最棒的”小鱼边，有一条小鱼却是那么无助、孤寂和暗淡——它竟然没有一颗小星星与它作伴！再仔细看，这样的小鱼竟有两条，还有四五条也只有少得可怜的几颗小星星装点门面。我的心里很不是滋味，难道这几条小鱼不在乎吗？凭着十多年的教学经验，我可以肯定地说:“不！每条小鱼都在乎!”他们在乎的是那份肯定和赞赏，在乎的是对他的理解和尊重，在乎的是校园集体生活那份特有的快乐。

【问题点击】

奖品的众目睽睽，导致“有谁知道孤独的心”

【典型案例 4】

奖品记录员

在一节英语课上，教师也许感到自己贴标志太麻烦，但又不想舍弃这种评价方式，于是指定一位学生站在黑板旁，专门负责给各组贴小五星。

这样，教师的负担确实减轻了，学生的发言机会也多了，似乎是两全其美，但没人去关注那位专门负责贴小五星的学生。这位学生在该节课中忙碌无比，但却学无所得。

【问题点击】

奖品的专人侍候，导致“被爱情遗忘的角落”

【典型案例 5】

如此奖励不可取①

一次,我听一位年轻的女教师的英语公开课。她自始至终地用流畅纯正的英语口语进行教学,其实就凭这一点就让我暗暗佩服。

教学过程大致是这样安排的:教师先把全班学生分成五组,然后进行猜谜、表演、知识竞答等。每一环节结束,都要选出表现最好的一组,教师在黑板上给这一组画上一个大苹果作为奖励。这些活泼多样的教学形式确实能调动起学生参与的热情,充满童趣的多媒体课件亦吸引了全班学生的眼球。

然而接下来的情景却令我大为失望,当一个小组的某一成员表现突出时,老师竟然拎出一袋汉堡包作为奖品奖给这一小组。一课之中,如此重奖竟前后出现三次,后来的奖品有一袋橙汁和一袋热狗。每奖一次,教室里都沸腾一次,掌声与欢呼声雷动。"重奖"之下,学生"动"起来;"重奖"之下,课堂"活"起来。奖励过后,学生兴奋不已,每当有竞答、猜谜之类,就会有小手林立,争着抢着,好不热闹。

乍看起来,奖励激发了孩子的积极性,营造了热烈愉快的学习气氛,让孩子体验到获取成功之后的"甜蜜"。但是,我们是否看到这样一个现实:孩子们的学习变味了——外存的奖励成了唯一追求的目标,成了学习的原动力,学习成为一种直接追逐功利的行为。让学生过早地热衷物欲功利,难道不应引起我们的忧虑和质疑吗?

【问题点击】

奖品的真价实货,导致"我的眼睛里只有你"

课堂上采用给表现好的同学发奖品,其实很多时候会分散学生的注意力,许多得了小礼品的学生都忙于"欣赏"自己的战利品,从而影响他们后面的学习。许多同学把注意力都集中在为了获得礼品上,我们现在普遍实行的是大班额授课,"礼品"不可能大面积发放,当一些学生无望争得礼品时,往往让他们更加"泄气"。

对学生进行物质奖励,可以在一个学习阶段的结束时进行,例如:在一个单元的学习结束,对于学习有进步或表现优异同学给予适当的物质奖励,以增加他

① 江苏无锡市新区硕放中心小学　曹秋涛

们学习的动力，而不应该在每一节课都进行物质奖励。

孩子需要表扬和激励，但要有度。随着年龄的增长，孩子内在的学习动力需要由教师自身的教学魅力来激发，由获取知识的快乐来激发。教师的激励既是一种策略，更是一种艺术，给予学生的应是精神上的沐浴，而不是单纯的物质刺激。

比较用语

▶“老师奖你一次机会（一道难题……）。”

【典型案例1】

“我从不忘‘露一手’”

于老师请学生到讲台前背诵《卜算子·咏梅》。在背诵到陆游的词时，有一句话背错了，于老师即时进行了纠正。学生背完后，大家报以热烈的掌声。

师：该我背了，大家坐好，请看于老师的表情。（**于老师的朗诵声情并茂，两首词的感情迥异，朗诵后赢得全场热烈的掌声**）

师：这边的四组同学把你最喜欢的毛泽东的词里面的诗句写下来，那边的四组写陆游的。我也把我最喜欢的诗句写下来，送给大家。（**生认真地写**）

师（**拿起一个学生写完的作品**）：他喜欢的诗句是：“俏也不争春，只把春来报，待到山花烂漫时，它在丛中笑。”多么宽广的胸怀啊！大家看，于老师把自己写的诗句展示给大家。（**投影：于老师精心书写的硬笔书法作品，用楷书和行草誊写的毛泽东和陆游词中的名句**）我喜欢毛泽东的诗句是“俏也不争春，只把春来报，待到山花烂漫时，它在丛中笑。”我喜欢的陆游诗句是用行草写的“无意苦争春，一任群芳妒，零落成泥碾作尘，只有香如故。”我喜欢陆游的傲骨和坚贞不屈的爱国主义情怀。我把这些作为礼物送给小朋友，希望小朋友在背诵古诗文的时候记住我们是中国人，把字写好。好吗？（**学生互相传递复印的书法作品**）

师：大家喜欢于老师写的这幅字吗？

生：喜欢。

师：不仅要喜欢字，更要喜欢这诗句中所表达的意思，喜欢这两首诗词。

【方法点化】

奖励学生一幅书法作品，让奖品更有示范作用。

【典型案例 2】

我奖励学生“和我一起泡书店”①

又是周末，我和孩子们在一起计算贴在墙上的小红花，看看是谁成为本周的幸运孩子，能享受和老师一起“泡书店”的特殊待遇。结果是9位孩子得了10朵小红花，获得了此项殊荣。他们一起欢呼雀跃，那种高兴和满足是什么奖励都无法替代的。

我们相约周六下午在校门口集合，不见不散。到齐后，我们一起步行去书店。学校和书店有一段距离，孩子们手拉手，肩并肩，蹦跳着往前走。不一会儿，书店就到了，孩子们一下子就淹没在看书的人群里。来到二楼，我在儿童文学的书柜前找到了他们的身影，他们一个个正认真地读着自己喜欢的书。我悄悄地走到他们身边，轻轻翻看他们手中书的封面——《窗边的小豆豆续集》《五三班的坏小子》《神秘的女老师》《漂亮老师》《我飞了》《柯南全集》《乌丢丢奇遇记》《草房子》……

看着这些书，我也有一种阅读的冲动。于是，我也找了一本，选了一个不被打扰的角落，静静地读了起来……

时间过得很快，两个小时过去了，我们不得不离开书店。在回来的路上，我们一起交流看书的收获，孩子们又是一番叽叽喳喳。临别时再次相约，下周末，还去“泡书店”！

【方法点化】

奖励学生一起相约书店，让奖品更有教育意义。

【典型案例 3】

一块走在时间前头的表②

我一直保留着一张贺卡，是我的学生在教师节那天亲手制作并送给我的。

---

① 江苏省海门师范附属小学　宋晓燕

② 江苏无锡市东北塘中心小学　过群

上面写着:"谢谢过老师的表,它让我走在了时间的前头。"

记得那是我刚教音乐的时候,那天我去教室收音乐作业。作业内容是学生练习画的小音符。班长站起来说:"过老师,只有××同学没交作业。"话音刚落,班上立刻引起一阵骚动。不少同学都说,那位同学老是完不成老师布置的作业的,不光音乐,连语文、数学都这样。

我把目光向那位同学投去,只见她满面愧色地争辩道:"我做了,但实在是来不及啊……"

课后,我把这位同学带到学校的僻静处,详细地问了她一些情况。原来,她家里经济很困难,每次回家都要帮大人做好多家务,加上她的时间观念不强,不会合理安排做家务和做作业的时间,所以老师布置的作业常常不能如期完成。

我明白了事情的原委后,先表扬了她的勤劳、刻苦精神,随后从口袋里掏出了一块我自己用的卡通电子表,当着她的面把时间拨快了十五分钟,然后对她说:"这块电子手表老师今天就把它送给你了。时间观念对一个人来说十分重要,甚至会影响人一生的生活和事业,我希望你从今以后能按表上的时间来安排好生活、处理好事情。你要永远走在时间的前头,每件事都比别人早做十五分钟,我相信你会把所有事情都完成好的。"

从此以后,这位同学的作业不再拖拉了,班上多了一个勤快的好孩子。

【方法点化】

奖励学生一块拨快的手表,让奖品更有督促功效。

课堂点睛

▶"物质奖励"VS"精神鼓励"

对白

【话题1】:发放奖品→标记荣誉

实物奖品:

能看、能摸、能用 $\xrightarrow{\text{时间推移}}$ "实用"关注度↑+"激励"关注度↓ $\xrightarrow{\text{时间推移}}$ 容

易使学生注重功利，学习异变成只为能“一朝拥有”。

纸质奖品：

能看、能摸 —时间推移→“他有、你有、大家有，已不稀奇”+“东有、西有、满桌有，已呈富余” —时间推移→容易使学生缺乏兴趣，学习异变成只为有“新鲜感觉”。

【话题2】：外在附加→内部调和

外在附加：

奖励只是一种教学手段：为学生的激情的迸发而奖励，学生可能是“一时的激动”→插入式：教学过程中专设环节，奖励有形。

内部调和：

奖励也是一种教学目标：为学生的感情的持续而奖励，学生可能会“长久的感动”→融入式：与教学内容融为一体，奖励无痕。

【话题3】：物质奖励→精神鼓励

奥苏伯尔：人的成功动机＝认知内驱力＋自我提高内驱力＋附属内驱力

内部激励←外部刺激

（少年期以至青年期）（童年期）

精神鼓励：

用真知充实你的学生，用真心理解你的学生，用真诚打动你的学生→以心灵感受心灵，以情感赢得情感：心与心的呼应，神与神的交融，情与情的相牵，思与思的碰撞。

喻言

点亮心灯

一个养母孩子是这样理解“收养”的：“被收养意味着你是在养母的心中生长，而不是在她的肚里生长。”

精神上的给予可以让我们听到“心”的呼唤。

一个老校长是这样理解“草”的：“没有一种草是不会开花的，再美的花也是一种草。”

精神上的享受可以让我们找到“花”的感觉。

精点

在糖衣药丸和“糖衣”炮弹中,“糖衣”只是外在的滋味,真正具有效力和威力的,却是内在的东西。

创新提示

▶“奢侈”红线,“珍贵”名言

教师对学生作文的评价是多元的,一句话,一次评讲,一条批语……而在作文中使用红色波浪线是常用的方法,这是对精彩句子的叫好,是对学生恰当使用语言文字的肯定和鼓励,我试图将这种激励方法加以拓展和延伸。

我告诉学生们:这些红线是老师喜欢的句子,体现了你们的聪明和智慧,老师在画线时心情是激动的,也在学习、欣赏并被这些句子深深地陶醉。这条红线代表着老师对你们的深深谢意,谢谢你们给老师送来了那么好的礼物,让老师那样的开心!

我在批改学生作文时见到稍有可取之处的句子时,就在下面赠给一条红色波浪线,我愿意“批量生产”,相信“奢侈”红线之下,必有“名言”出现。

我特别注意到,每一位学生都很在意老师画在自己本上的红线。每次批阅过的作文本发下之后,很多学生看完自己分数后,就翻找红线。有的学生还得意地将画有红线的页面在别人面前炫耀,他们看到自己的本上有红线都相当兴奋。可见红线的激励作用在作文中占有一定的位置。

他们对老师的批改看两头,一头是等级(我们对学生作文评价是打等级),一头是“波浪”。波浪线就像一面红色的旗帜,飘扬在学生们的心中。

因此,教师多画一道红线,学生就会多一层信心,多一份激情。这种办法既“省工”又“省料”,投入不多但收效较好。

我曾对学生说,我们经常看到名人名言,我们也学习名人名言,你们这些句子,就是名人名言,我们应该把这些句子抄下来,这样的好句子一多,你也就是名人了。孩子虽小,但每个人都有自我展示的欲望,也希望别人肯定自己。于是,学生为了多写“名言”,争做“名人”,八仙过海各显神通,能创造的创造,能学习的学习,他们于是开始注意语言文字的积累和运用。

当然对一些“准”名言的句子，我和其他同学可以帮助其改成“名言”。

例如一位女生写她的同桌，其中有这样的句子：“她有一双大的眼睛，高鼻子，嘴是小的，红的。眉毛小的，也黑。”想表达的意思很清楚，但是我总觉得这句子少点儿“力度”，我就把这句子拿出来和大家一起评读，让其他同学提出看法，本着把话说通顺，尊重她本来想法的原则，最后由她自己作主改成：“她长着一双大大的眼睛，眼睛上是两道乌黑发亮的眉毛，一张红红的小嘴，一个高高的小鼻子，看上去特精神。”我和学生们一致认为改得好，可以成为“名言”。这个女生很高兴，为了把句子写好，后来特别注意读书，非常注意作文中句子的运用，作文进步很大。

一段时间以来，很多学生俨然成了“名言”高手，每有佳句即兴高采烈拿给我看，也有腼腆的学生则希望总结作文时我读到他（她）的句子，投影上会出现他（她）的句子，当然教室后面的名言栏里也要有他（她）的句子。

一学期下来，学生们在语言的积累与运用上很有长进，每一句“名言”都是学生们向上的热情和不断进取的信心的见证。

新课程教师流行用语二十三

流行用语

"下面请专家(领导、教师……)来评一评。"

【典型案例1】

一次课后的"头脑风暴"

课后,大家开始自由评课,畅言己见。从不同思想的交锋中,大致形成了两种意见。持肯定意见的一方认为这是一堂好的语文课:师生互动有较充分的体现,既有阅读方法的点拨,又有阅读材料的语言积累;既有文章内部结构的创新发现,又有向课外的延伸探索。学生有所"得",教师有所"获"。虽然容量大而使时间稍显紧张,但基本无碍。而持反对意见者则认为:教学设计虽然很有特点,但是过于复杂。其实可以化繁为简,在开头事例引入时,教师受到了课本的局限,只围绕"探索的重要性"这一话题设疑,学生的思维受到了一定的限制,"一体两翼"的结构也没有用彩笔描绘加以突出,由于引入部分花了将近十分钟,使得后面的高潮起来时,下课的时间已经要到了,令人感到非常遗憾。

经过研讨,我感觉要真正互动需要思考三个方面的问题:(1)互动阅读中,对学生的充分读书究竟该如何把握?(2)互动阅读中,怎样既尊重每一个举手学生的发言权,又不影响教学进程?(3)互动阅读中,除"问题教学"之外,教师究竟要做些什么?

【方法点化】

同伴的互动，让当局者柳暗花明。

这是一位老师在集体研讨活动后，对自己的教学进行进一步反思的片段。可以看出在同行交流中出现针锋相对的两种观点和意见，这些意见对于执教者进一步发现自己的教学问题提供了有力的帮助。

如果没有了相互之间充分的对话交流，那么可能一部分人就会陶醉在师生互动的享受之中，而另一部分人却因教学过于繁复而深有遗憾，而教者本人也可能无法抓住问题的关键并进行深层次的思考与改进探索。

【典型案例2】

换一种思维，不一样的感受①

前不久，一个偶然的机会，我聆听了吴永军教授关于校本教研的一个学术报告。在报告中，吴永军教授告诉我们，真正有效和最受教师欢迎的教研方式是教研员与教师一起备课，然后听他们上课，再评课，而不只是去听课、评课，教研员要参与到教学前期的备课中。这种说法让我心中一动，因为曾经在《人民教育》杂志上看过一篇报道，上海的顾泠沅教授做过一个调查，调查最受教师欢迎的教研方式，结果与吴教授观点一致。

反思自己以往的教研方式，我基本上全是推门听课，这样的方式虽然能了解到一些课堂教学的现状，但因为是不打招呼的听课，所以老师们包括教研员，准备得不够充分（客观上老师们不可能把每一节课当作公开课那样尽心尽力，教研员因为事先不知道上课的具体内容，也无法做到充分准备），虽然也听课了，评课了，但老师们的进步不够明显。又因为这是一种带有检查性质的听课，更多的时候是事后（听完课后）要求老师怎样做得更好，而不像带有研究性质的听课，指导老师在过程中如何做得更好。

新学期一开学，我们就创新思维，变检查性听课为研究性听课，重在过程的体验与收获。具体做法是提前一周通知乡镇学校，由所在学校确定上课人选，同年级组进行集体备课，并通过网络将上课教案发给学科教研员。学科教研员根据提供的教案进行修改与点评，并将修改好的教案再发给上课老师，教师根据调整后的教案进行上课，教研员听课、评课。执教老师在听取大家意见的基础上再

① 江苏宝应县教研室　刘咏春

次修改教案，两周之内，在全镇性教研活动中作课堂教学示范。上完课后，要求教师将二次上课的教案进行整理，并撰写自己的上课心得，一并发至宝应教研网站，提供给全县相关教师，从而实现资源共享。

【方法点化】

专家的跟进，让当局者精益求精。

【典型案例 3】

为上课的老师刻个光盘

浙江大学附中的自动教学演播室（俗称数码微格教室）近日投入使用。教室内的整套装置具有自动跟踪拍摄、自动切换选景、自动编辑刻录的功能，能将上课的情景自动拍摄下来并制作成光盘。

“数码微格教学的最大特点是记录过程自动化、声像化，观摩评价远程化、细微化，学生学习网络化、自主化。”校长尚可说，“摄录设备的自动化保证教师上课不受人工拍摄的影响，但又能通过课后观看课堂实录光盘，及时自我诊断，改进教学行为。此外，学校可以利用网络技术，把微格教室的上课信号传输出去，实现不受场地、人数限制的公开课的现场直播。对学生而言，可以通过网络点击课堂教学影像资源库，有选择地重温教学内容。”

【方法点化】

光盘的记录，让当局者心知肚明。

【典型案例 4】

“教师的课”该怎样看①

去年底，笔者在无锡硕放实验学校参加凤凰语文网版主会课活动，主办者在组织评课时，请了一位五年级的小学生来评课。这位女孩子的评课，在参加活动的数百名老师中引起了不小的震动！

倒不是这位女孩子大胆，也不是她表述得有条理，而是她评说的内容给在座的老师下了一剂警醒药。小女孩很大方地走上讲台，对台下数百名老师说：“对于甜甜老师的课，我想说三点：第一，我觉得这节课时间很短，好像没有 40 分钟

---

① 江苏盐城市教育科学研究院　陈小平

吧，就下课了。第二，课本刚刚发下来时，我就从头到尾把新书看了一遍，当时感觉《清平乐·村居》这首诗没什么了不起的，怎么还收进教科书呢？可是听了今天甜甜老师的课，我觉得课文写得真美啊！第三，甜甜老师那么和蔼，就像我爸爸……我爸爸对我总是笑眯眯的，不会对我老板着脸……可是，老师们却认为他上得不怎么样(此时，女孩忍不住流泪了)……"一时，台下响起了热烈的掌声。

【问题点击】

学生眼中的好课不等于教师眼中的好课

新课程改革到了今天，已沿袭了几十年的传统的评课形式和标准是不是也要改一改了呢？过去对课堂教学的评判，教育专家、教科研部门、教育行政主管部门在多年的实践中，已总结出一整套规范的课堂教学要求，甚至还制订出具体的量化评判标准，其指向非常明确，那就是老师的"教"。

俗话说，换换脑筋天地宽。我们不妨也让学生来评评老师的课，听听学生的声音，看看学生究竟需要什么，他们喜欢什么样的课堂。一堂课的好坏，最有发言权的不是我们这些观摩的看客，而应当是学生，因为他们才是课堂的真正主人。一堂课的好与差，其关注点应在学生身上，应看学生的反应，看学生得到了什么。由此看来，一节能受学生欢迎、能让学生广泛参与、能不断促进学生终身发展的课，才是我们所企盼的好课。

【典型案例5】

"教师的爱"能打几分①

批改一则学生日记，发现了这样一段话：

清晨，老师站在教室门口，眼睛含笑＋2分

晨会表扬同学时诚恳真挚＋2分

课堂上耐心启发后进生＋3分

课余关心××(他父母离异)＋3分

午睡时为同学们关好门窗＋2分

讲试题时发火一次－3分

走廊内同学问好时老师神情冷淡－3分

同学们反映作业太多时老师不予理睬－2分

---

① 山东　林青

加加减减，老师今天爱我们得4分。

初看这段话时，不禁为学生幽默的加减运算感到好笑。然而，笑还挂在嘴角，我却陷入了深思：自古都是老师给学生的品行、成绩打分，而老师的教书、育人，尤其是不易被量化的"爱"，在学生眼中究竟能打几分？

像我，自认为是"10分"爱学生的，但在今天——如此平凡的一天中，我的爱在学生眼里居然只能得4分！

【问题点击】

学生心中的师爱不等于教师心中的师爱

孩子的心是敏感的。老师的一言一行，他们都在用心灵捕捉、评判、打分。有一位刚毕业的新教师抱怨说："我也注意摸摸学生的头、替他们整整衣领，可他们却怎么说——老师，在你的眼里我们感觉不到真诚。瞧瞧，这叫什么话！"

大爱无言。爱，不仅仅在技巧，更重要的是每时每刻的细节，是一颦一笑所传递的感觉。学生正是根据这种感觉来决定他对老师的好恶、亲离以及信任。学生给老师的评分，正是他今后要回应的分数啊！

比较用语

"下面请学生来评一评。"

【典型案例1】

语文《将相和》

教《将相和》时，教师物色角色，排练课本剧。其中有学生要求老师扮演廉颇这个角色，教师欣然答应。表演完毕后，组织学生对照课后练习第一题的要求集体评议。有的学生说，蔺相如智勇双全，不畏强敌，维护了赵国的尊严，但大义凛然的气度表演得不够。也有学生对教师的表演提出意见，认为教师在表演廉颇悔过自新的心理体现得不够，并上台当众示范表演……

【方法点化】

学生对教师评价指导，让学生领悟了内在的意蕴。

【典型案例 2】

数学“圆柱的表面积”

学校安排我去兄弟学校上一节数学公开课，想到将要面对陌生的学校、学生和听课教师，心理压力特别大。有学生看出了我的心事，便发表了自己的一些看法，说得还蛮有道理的。我的脑子里顿时闪过一个念头，何不让学生给我做做参谋呢？

教完了“圆柱的表面积”这个内容后，我便让他们提提建议，学生们表现出了异常的热情。

一个学生说：“唐老师，你这节课每个环节设计得都很好，就是全用了书上的题目，学得太枯燥了，怎么不选一些‘活’的题目让我们做做呀？”

我一愣：“‘活’的题目？”

旁边一个孩子马上替他解释道：“比如说可以让我们算一算易拉罐的表面积是多少。”

是呀，新课程标准明确要求学生的数学学习内容应当是现实、有意义、富有挑战性的，这些内容要有利于学生主动地进行观察、实验、猜测、验证、推理与交流等。这个理念居然会从一个小孩子嘴里说出来，我赶紧向他鞠了一个躬。

教室里顿时像炸开了锅，孩子们更加兴奋地出谋划策……

“诸葛亮会”在一阵阵热烈的掌声中结束了，修改教案的思路也清晰了，我陷入了深深的沉思……

【方法点化】

学生为教师修改教案，让教师看到了孩子的世界。

【典型案例 3】

思品《欢快的青春节拍》①

任教初一(8)班思品的J老师请假一周，教务处决定由我接任。授课内容是

① 江苏省无锡市石塘湾中学　孙闻博

《欢快的青春节拍》，翻开课本，里面还有两项活动："说一说我们所拥有的幸福"和"为伙伴写一句青春的寄语"。

凭以往的经验，我知道上好初一思品课的关键在于教师所设计的课堂活动是否新颖别致。在我搜肠刮肚般的努力下，活动方案渐渐露出了全貌。正当我要将这份来之不易的方案付诸实施之际，一个新的念头又浮现出来：这些活动学生真的会喜欢吗？

我带着这个问题求教于同室的L老师，希望他能指点迷津。不料此公听了我的"诉苦"后，也未将设计方案看完，就说了一句话："东西好不好，买家最清楚。去问问学生吧。"——难道这就是"迷津"？——我带着疑惑走进了教室。

"刚才老师把下节课我们要开展的活动作了一些说明，下面想听听同学们对老师的设想还有什么意见和建议。"我开始用期待的目光在教室里扫视。

"老师，让我们搜集诗歌还不如让我们自己写呢。""青春寄语是写在买来的贺卡上还是自己制作？""我提议来一个'青春的我'摄影展。""老是在教室里活动真没意思，不如到室外去吧。""老师……"学生的建议像打开了的百宝箱，应有尽有。

"老师，我们干脆就搞一个联欢会吧！"后排一男生站起来高声说道。

"哦？"我似乎来了灵感，"同学们，你们同意这位男生的建议吗？"

"同意！"学生们异口同声。

"名不正则言不顺，我们的联欢会得有一个合适的主题名吧？"我的提议又激起了千重浪。随后，"拥抱青春"、"珍惜青春"、"青春的畅想""青春的魅力"等一串名词像珍珠般从学生口中冒了出来。

这时，一位女生站出来，郑重其事地说道："刚才几位同学的命名太陈旧、太直白，缺乏诗意。青春就是花季，不是有一部电视剧叫《十六岁的花季》吗？我看我们的联欢会就叫'十四岁的花季'，你们说好不好？"

"好！！"没等我反应过来，主题名就在一片喝彩声中被敲定了。

有了成功的先例，余下的就很顺利了：那位女生自告奋勇担任主持；其他同学分组准备诗歌朗诵和歌唱比赛；每人设计一份"青春寄语卡"……

联欢会已进行到最后一个活动——互赠青春寄语卡。学生们事先将设计好的卡片投入纸箱，活动开始后，由主持人抽取第一张，当众宣读寄语和写卡人姓名。由写卡人将这张卡片送给自己的好友，再由他抽取第二张……依次类推，直至抽完。

看着越来越多的学生拿到了好友的赠卡，我内心既钦佩学生在写寄语中表现出的非凡创造力，又羡慕他们能得到好友的祝福。正当两种思绪交织在一起的时候，纸箱内的最后一张也抽完了。

这时，主持人微笑着站到了教室中央，从口袋里又掏出一张卡片："这儿还有一张。"并神秘地看了我一眼。我突然感到所有的学生都在用异样的目光注视着我：这些小家伙又在搞什么名堂？

正迷惑时，主持人已在宣读卡片上的寄语了："您是辛勤的园丁，您是鲜艳的花儿。愿您青春永驻，花开永远。赠卡人——初一(8)班全体同学。"

主持人话音未落，四周的掌声"哗"的向我涌来。刹那间，我发现周围所有的笑脸灿烂得像花儿一般，一束束目光中流露着祝福和信任。当我站起身从主持人手中接过卡片的时候，眼前的景物竟然开始模糊起来了

【方法点化】

学生为教师策划活动，让学生享受了自主的快乐。

课堂点睛

▶"教师教研"VS"学生教研"

对白

【话题1】：蓝本教研→文本教研

∵蓝本：具有绝对性、确定性、唯一性

→它只是作为人们认知的对象

→人们只能站在下面、外面去研读它、学习它、记住它。

——弊端：照本宣讲。

文本：具有平和性、开放性、生成性

→它成了人们解读、对话的对象

→人们既能够走进文本，又能够走出文本。

——优点：自主建构。

∴文本教研：教师与经典之间的对话。

【话题2】:文本教研→人本教研

∵观念和文化的东西是不能改变世界的,但可以改变人,人是可以改变世界的。

∴21世纪强调:把人作为发展的中心。

又∵教师队伍建设:学校自主发展保障体系核心之一。

∴学校发展:把教师作为发展的中心。

又∵俗语:三人行,必有我师。

∴人本教研:教师与同伴之间的对话。

【话题3】:人本教研→生本教研

∵标语:一切为了孩子,为了孩子的一切,为了一切孩子。

∴教学应为学生而设计:听听学生的需要,看看学生的能力;

教学应让学生来评价:听听学生的感受,看看学生的水平。

∴生本教研:教师与学生之间的对话。

喻言

模特服装与常人服装

为模特儿设计的服装,注重的是欣赏,在乎的是旁观者的感觉;

为平常人设计的服装,注重的是实用,在乎的是当事者的感受。

由此,评价服装所带来的效应,就可能会有两种不同的态度:一种注重时尚性——它适合潮流吗?另一种注重日常性——它适合生活吗?

联想到教育教学,关于"上课是上给教师看的,还是上给学生看的"之质问,如斯而已乎?!

精点

教学之间有杆秤,学生是那定星的砣。

创新提示

校本研究与“四角游戏”[①]

《小学整合教学的研究》是我校省级“十五”立项课题。我们的教师积极学习“整合教学”的理念，并创造性地把理念转化为课堂教学实践，不断创新，不断探索，积累了很多鲜活的案例。但是，总觉得理解不够清晰透彻，而且如何梳理、总结、提升研究成果，书稿（课题物化成果）框架该怎么设计，也都成为摆在面前的难题。

为此，学校教科室就“整合教学”的话题，开展了一次别开生面的校本培训活动。活动由三个板块组成：四角游戏，阐述课题理念；分组讨论，设计书稿框架；专家点评，创新教学案例。

“四角游戏”迅速吸引了全体教师的眼球。主持人在四角摆上了“鸡尾酒”、“联合收割机”、“隐行飞机”、“山涧流水”四块牌子：“请选择与整合教学理念最相符的事物对号入座，并说明理由……”话还没说完，大家便迫不及待更换座位，相互争辩补充，为能摆出令人信服的理由而竭尽全力。

“鸡尾酒”组的理由最充分：“其一、整合教学必须融合各种教学的有利因素，达到教学最优化；而鸡尾酒也是调和各种美酒佳酿，制成风格窘异、口味绝妙的饮品，这就类似于整合教学的‘最优化’。其二、根据每个人的口味需要调和个性化的鸡尾酒，相似于整合教学中的‘因材施教’。其三、鸡尾酒具有丰富性、创新性，还有艺术性，而整合教学同样具有这一特点。”

“但是，”有反对者站起来，“鸡尾酒价格比较昂贵，消费档次比较高，不是人人能够享用的，与整合教学的普遍性背道而驰。”

“谢谢反对，让我们考虑后再答复。”“鸡尾酒”果真是“有容乃大”。

选择“山涧流水”的老师最多：“山涧流水一路流淌，将芬芳的野花、嫩绿的青草都纳入自己的胸襟之中，所以，它的内涵是丰富的；你看，一片绿叶掉入水中，那是春的信息，黄叶飘落，那又是秋的名片，水始终顺应着四季，不断地发展着，

---

① 江苏无锡市玉祁中心小学　吴晓君

这是整合教学的发展性；你再看，它一路随着地势的变化，而或窄或宽，或急或缓，灵活地适应着变化着，这是整合教学的适应性；最后，让我们一起来一路追随，你看，它欢快地奔向江河，汇入大海，它知道那儿才是它的家，这就是我们整合教学的目标性。所以你看，展现在我们眼前的流水，有形、有色、有声、有味……多美妙的境界！”

大伙儿在频频点头的同时补充说：“流水的随意性比较大，遇到地势阻挡，就要偏离航向绕着走。我们的整合教学不能对学生‘放羊’，需要引导……”

辩论在激烈地进行着……

陈校长接过话筒：“联合收割机”是我们整合教学的“初级阶段”，整合教学就应该像“联合收割机”一样朴素而实用；“鸡尾酒”代表我们的整合教学关注学生学习、发展的过程，我们希望孩子在体验调制快乐中，调制出各具特色的“鸡尾酒”；“山涧流水”是我们整合教学追求的一种最高境界，它应该像流水那样无痕，潺潺流向远方，最终汇入大海……

经验交流、案例分析、课堂研讨是最经常的校本培训方式，但我们尝试的这种游戏式的校本培训，因形式新颖有趣，使得教师参与热情浓厚，思维的到位度高。从大家感性的表述中我们可以体会到，本来抽象模糊的整合教学概念，在老师们的脑中逐步清晰、明朗、形象可感而丰满起来。

“教师即研究者”已不是空话，老师们在用自己的嘴巴说着自己的理解，用自己的实践与经验诠释着“整合教学”的理念。更为难得的是，学校的研究共同体彼此进行着民主平等的合作，即使是面对专家，尽管校长也在场，老师们也都是畅所欲言、锋芒毕露，思维因为碰撞而擦燃创新的火花。

最有艺术的是校长，适时介入的发言既阻止了争论的“白热化”，又帮助大家把“思维的碎片”融合成板块，让老师的视野更宽广、思维更深远。但是，这些不是“自上而下”的命令与告诉，而是游戏中思维碰撞之后产生的“共同愿景”。

这样的校本培训，无痕而美丽！

后 记

编写完全书，我对“流行语”的最终印象是：“流行语”无所谓是与非、好与坏、对与错，它是人们思想认识的聚合物，更是时代环境的化合物。

流行语的存在和流行是客观事实，既是一个文化现象，又是一个语言现象，而且常常是一个临时的现象，对语言来说，它的存在并不说明它必然会成为语言的合法成员。

流行语在不断地进化着。随着人们视界的开拓、认识的深入和环境的变化，原来的流行语也可能会不再流行，而代之以升级版的符合时代要求的新式流行语。

新课程教学教师流行用语同样如此。

本书把新课程教学教师流行用语“小题大做”的目的，很简单，无非就是引导读者讨论新课程教学中教师应该“说什么”、“怎么说”、“为何说”，其实也就是由此及彼、由点及面、由表及里地研究新课程教学中教师应该“做什么”、“怎么做”、“为何做”。从这个意义上讲，“说好”才能“做好”，“说好”也是“做好”。

最后，但愿我们的教师都能“说好”并“做好”新课程教学理念，进而使新课程教学效果能被社会各界“说好”！

严育洪

2006 年 10 月于江苏无锡